MAZARIN

2ᵉ SÉRIE GRAND IN-8°.

LA JEUNESSE

DE

MAZARIN

SA CARRIÈRE DE DIPLOMATE

ET

D'HOMME D'ÉTAT

PAR

H. DE FONT-RÉAULX

LIMOGES

EUGÉNE ARDANT ET Cie, ÉDITEURS.

MAZARIN

I

LA JEUNESSE DE MAZARIN

Le plus fin diplomate des temps modernes, Jules-Raymond Mazzarini, naquit en Italie, le 14 juillet 1602, au village de Piscina, chez son oncle maternel, l'abbé de cette paroisse, dans les Abruzzes. Son père, un Sicilien, Pietro Mazzarini, habitait Rome; sa mère, Ortensia Bufalini, descendait d'une famille noble. La grand'mère maternelle de l'enfant était poète et appartenait à la clientèle de la riche famille des Colonna. Peu de temps après sa naissance, le jeune Jules fut porté à Rome. Ses parents n'étaient pas riches, mais comme ils remarquaient en lui une intelligence très précoce, ils firent des sacrifices importants pour son instruction. Sa mère l'éleva avec beaucoup d'affection et de prudence. Les Oratoriens de

Saint-Philippe de Néri commencèrent son éducation.
Un riche Vénitien s'intéressa à l'enfant qui fut placé
au collége des Jésuites de Rome. Il y remporta les
succès les plus éclatants. C'était un élève hors ligne.
A l'âge de 16 ans, en 1618, il soutint des thèses très
remarquables, sur l'astronomie, à l'occasion d'une
comète qui venait de faire son apparition et il s'attira
par la fermeté et l'éloquence de son argumentation
publique, les applaudissements des cardinaux, des
savants et des lettrés qui l'écoutaient. Peu de temps
après, selon l'usage du temps, les jésuites ayant
donné une représentation dramatique le jour de la
fête de leur patron, le jeune Mazzarini fut chargé du
premier rôle. Il représenta avec tant de vérité et de
talent, saint Ignace de Loyola, qu'il se fit une très
grande réputation de comédien.

Doux et vif, éminent et hardi, beau et gai, le jeune
homme avait tout ce qu'il faut pour charmer. Les
jésuites insistèrent vivement auprès de lui pour le
garder au collége, il refusa et vécut dans la maison du
connétable Colonna avec les fils de ce grand seigneur.
Il se forma aux usages et aux mœurs du monde aristocratique. Il devint joueur comme tous les jeunes
Italiens de l'époque et il gagna beaucoup d'argent au
jeu. Il menait un grand train de maison. Un jour la
fortune lui fut contraire, il se trouva ruiné, il vendit
alors tout ce qu'il possédait, même ses habits. Il

recommença à jouer, avec quelques pièces de menue
monnaie, la chance revint

Cette existence aventurière dura peu. Le connétable
Colonna l'envoya en Espagne avec l'un de ses fils,
don Jérôme, pour étudier le droit à l'Université de
l'Alcala. Mazarin était le compagnon journalier du
jeune seigneur italien. Il le suivait partout, aux cours
de l'école, à Madrid, dans les réunions des étudiants
et dans les réceptions du grand monde. A Madrid, le
jeu était comme à Rome, en grand honneur. Mazarin
ne put résister à la tentation, mais il perdit tout ce
qu'il possédait. Un Espagnol, croyant que le jeune
étudiant était de riche famille, lui prêta facilement de
l'argent avec lequel le joueur gagna une somme considérable. L'Espagnol voulut marier sa fille avec le
jeune Italien, mais don Colonna pour l'en détourner
envoya Mazarin à Rome, sous prétexte d'affaires
urgentes. Le connétable empêcha son protégé de
revenir à Madrid et lui fit suivre à Rome les cours de
droit. Il travailla sérieusement à partir de ce moment-
là et à vingt ans, il fut reçu docteur en droit civil et
en droit canonique. Il ne savait quelle carrière em-
brasser. Une occasion se présenta : Le pape ayant
accepté la mission d'occuper la Valteline, afin de neu-
traliser cette contrée que se disputaient les Grisons et
la maison d'Autriche, le prince de Palestrina, de la
race des Colonna, fut placé à la tête d'un régiment

dans lequel le jeune docteur en droit s'enrôla en qualité de capitaine d'une compagnie d'infanterie. Il ignorait absolument l'art militaire, mais il s'y forma rapidement et menait, dit-on, ses soldats avec une grande sévérité.

Il se mit de nouveau à jouer et gagna des sommes importantes. Apprenant que sa mère, pour laquelle il avait la plus vive affection, était dangereusement malade, il quitta le régiment sans permission et se rendit à Rome pour la soigner. Menacé des peines sévères que les règlements militaires édictent contre les déserteurs, il se précipita aux pieds du pape qui lui pardonna. Insinuant et habile, le jeune capitaine se fit adjoindre aux travaux de Sacchetti, commissaire du pape, auprès de Torquato Conti, général du corps expéditionnaire pontifical, chargé d'occuper Milan, au moment des affaires compliquées de la Valteline.

Le commissaire Francesco Capatio était peu actif. Mazarin le supplanta dans la confiance de Sacchetti, et s'occupa des négociations diplomatiques qui se poursuivaient alors avec les Espagnols et les Français, amis des Grisons. Il était partout, exagérant un peu ses missions et ses fonctions, remuant, discutant, intrigant, combinant des solutions de son propre mouvement, insistant auprès des uns, modérant les autres, endoctrinant surtout le gouverneur du Milanais, Féria. En 1624, une armée française, commandée par le frère de Gabrielle d'Estrées, le maréchal duc Annibal d'Estrées, entra en Italie pour faire restituer la Valteline aux Grisons. Mazarin suivit de près ses opérations. Conti, émerveillé de l'activité et des combinaisons que le jeune homme manifestait, lui demanda de rédiger un mémoire développé sur la question de la Valteline. Ce rapport produisit à la cour de Rome une profonde impression. Un traité intervint, le 5 mars 1626, à Monçon. Le cardinal Barberini, qui était devenu pape sous le nom d'Urbain VIII, à la mort de Grégoire XV, en août 1623, rappela ses troupes de la Valteline, et Mazarin rentra à Rome avec le commissaire pontifical Sacchetti. Peu de temps après, Sacchetti accompagna son frère, le cardinal, que le pape venait de nommer légat, à Ferrare. Mazarin les suivit et fut chargé du commandement des troupes de la province. Il venait très souvent à Rome entretenir ses relations parmi les grands. Il y fréquentait assidument les Barberini, neveux du pape et les Colonna, protecteurs traditionnels de sa famille.

Il se lia intimement avec Antoine Barberini, favori du pape et qui devint peu après cardinal et ministre. En 1628, Sacchetti fut nommé nonce extraordinaire à Milan. Il y mena avec lui Mazarin qui avait une connaissance complète des difficultés qui recommençaient sans cesse dans la Haute-Italie. Il avait vingt-six ans,

C'est à ce moment-là que commence la vie publique
de Mazarin, car il fut alors officiellement nommé
secrétaire d'ambassade. Le jeune docteur en droit et
capitaine exerça, à dater de cette époque, une action
active dans cette carrière diplomatique où il devait
immortaliser son nom. Les affaires si compliquées de
la succession du duché de Mantoue, qui firent prendre
les armes à la France et à la maison d'Autriche, mirent
en lumière aux yeux de l'Europe l'habileté et l'activité du jeune diplomate. Il est utile, pour l'intelligence
du sujet, d'exposer ici brièvement cette importante
affaire que bien peu d'historiens sont parvenus à
élucider sans passion :

Le marquisat de Mantoue appartenait à la maison
de Gonzague depuis fort longtemps. En 1432 l'empereur Sigismond, souverain de tout le nord de l'Italie,
en avait investi cette famille à charge de le trans-
mettre, selon l'usage du temps, par ordre de primogéniture dans la ligne masculine. Tout alla bien jusqu'en 1531. A cette époque-là, Frédéric de Gonzague,
élevé à la dignité de duc, épousa la fille d'un marquis
de Montferrat qui lui apporta ce marquisat en dot.
Charles-Quint intervint et autorisa cet apport matri-
monial. Il déclara qu'à défaut de mâles aptes à succéder au marquis de Montferrat décédé, sa fille, mariée
au duc de Mantoue, pourrait hériter du marquisat et
le réunir au duché.

Le fils aîné de Frédéric de Gonzague, François Ier, hérita du duché de Mantoue et du marquisat de Montferrat qui se trouvèrent réunis sur une seule tête ; mais François Ier mourut sans enfants et ce fut son frère Guillaume qui lui succéda régulièrement dans les deux fiefs. Guillaume laissa un fils, Vincent Ier.

Frédéric, indépendamment de François et de Guillaume, avait un autre fils, Louis, né le troisième, qui n'avait aucuns droits sur Mantoue ni sur Montferrat. Louis quitta Mantoue, vint habiter la France et il y devint duc de Nevers. Il laissa un fils, Charles, qui lui succéda dans le duché de Nevers. C'est là la branche française des ducs de Mantoue.

Vincent Ier laissa trois fils et deux filles, l'aînée des filles épousa Henri, duc de Lorraine. L'aîné des trois fils, François II, succéda naturellement à son père et épousa Marguerite, fille du duc de Savoie, Charles-Emmanuel, dont il n'eut qu'une fille nommée Marie et il mourut en 1612. Il laissait un frère, Ferdinand de Gonzague, fils comme lui de Vincent Ier. Comme Marie ne pouvait succéder à François II, son père, ce fut son oncle Ferdinand, qui fut appelé à hériter du duché de Mantoue et du marquisat de Montferrat. De même que Guillaume de Gonzague avait autrefois succédé à son frère aîné, François Ier, le duc mort sans enfant. Mais à ce moment, le duc de Savoie, Charles-Emmanuel, qui avait marié sa fille Marguerite avec le duc François II, décédé sans enfants mâles, prétendit que sa petite-fille Marie, la nièce de Ferdinand, devait hériter de son père François II en ce qui concernait seulement le marquisat de Montferrat. Il ne prétendait pas que Marie, sa petite-fille dut hériter du duché de Mantoue, mais il prétendait que le Montferrat était fief féminin, qu'adjoint au Mantouen par une femme, il pouvait en sortir par une autre femme; que Marie devait en conséquence hériter du marquisat de Montferrat. On lui fit observer que depuis plus d'un siècle le Montferrat était confondu avec le Mantouen, que l'accessoire faisait partie du principal, qu'il n'y avait aucune raison d'enlever le Montferrat à son propriétaire Ferdinand, duc de Mantoue.

Le duc de Savoie, en 1612, publia un manifeste déclarant qu'il revendiquait pour sa petite-fille, Marie, le marquisat de Montferrat et, joignant les actes aux écrits, il envahit le Montferrat. L'Espagne et la France prirent fait et cause contre Charles-Emmanuel et l'obligèrent à évacuer les Etats que Ferdinand tenait de son frère François II. Mais Ferdinand décéda lui aussi sans postérité en 1626, et le troisième fils de Vincent Ier, nommé Vincent II, succéda à Ferdinand, son frère, comme Ferdinand avait succédé à son frère aîné, François II, le père de Marie. Ce Vincent II n'avait pas d'enfant, il était très malade et avait auprès de lui sa nièce Marie, à laquelle il désirait beaucoup céder ces Etats. La branche aînée s'éteignant en la personne de Vincent II, c'était à la branche cadette des Gonzague, celle de Louis, duc de Nevers, représentée à ce moment par le duc Charles de Nevers, son fils, que Mantoue et Montferrat devaient revenir, puisque le décret d'investiture de l'empereur Sigismond avait ordonné que la succession aurait lieu de mâles en mâles par ordre de primogéniture.

Mais l'Espagne qui avait jusqu'alors soutenu ce système rationel, de concert avec la France, remarquant que c'était à un Français que revenait le Mantouen, n'hésita pas à changer de ligne de conduite et elle se mit à soutenir les prétentions d'un duc de Guastella, parent fort éloigné du duc Vincent II et dont les droits n'étaient véritablement pas sérieux. De son côté le duc de Savoie, Charles-Emmanuel, soutenait de nouveau les prétentions de sa petite-fille Marie sur le Montferrat. D'autre part la fille aînée de Vincent Ier, mariée avec le duc Henri de Lorraine et devenue veuve, prétendit à son tour qu'elle devait succéder à Vincent II, en ce qui concernait le Montferrat. Au milieu de ces prétentions multiples, Richelieu trouva une combinaison favorable à la France et au duc de Nevers dont il soutenait les droits. Il envoya à Mantoue auprès du duc mourant, le marquis de Saint-Chamant, qui persuada à Vincent II que le meilleur moyen d'assurer à sa nièce Marie la possession des

Etats qu'il allait laisser en mourant, c'était de la donner en mariage au jeune duc de Rethel, fils de Charles de Gonzague, duc de Nevers, et de reconnaître par son testament les droits légitimes de Charles à la couronne ducale de Mantoue et de Montferrat. Vincent II accepta, et de son lit de mort il bénit le mariage, puis il mourut, quelques heures après, le 26 décembre 1627.

Charles de Nevers fut proclamé duc de Mantoue et de Montferrat.

Charles-Emmanuel, duc de Savoie, qui avait reçu des bienfaits nombreux d'Henri IV et qui s'était toujours montré ingrat en prenant constamment partie contre la France à la moindre complication, convoitait personnellement le Montferrat. Il attaqua le mariage de sa petite-fille Marie prétendant, bien à tort, qu'elle s'était mariée par force avec le fils de Charles de Nevers. Le nonce du pape à Turin et l'ambassadeur de Venise firent tous leurs efforts pour lui faire comprendre l'iniquité de ses prétentions. Il ne voulut rien entendre. Sa belle-fille, fille de Henri IV, Chrestienne de France, épouse de son fils aîné, Victor Amédée, le supplia de ne pas allumer la guerre entre son ancienne et sa nouvelle patrie, il n'écouta personne, fit alliance avec la maison d'Autriche et offrit à l'Espagne la moitié du Montferrat. Un traité fut signé la veille même de la mort du duc Vincent II. L'empereur

refusa l'investiture à la maison de Nevers et le
25 février 1628, les armées espagnoles et Piémon-
taises envahirent le Montferrat et massacrèrent tout
ce qui résista. Victor-Amédée, qui commandait l'armée, commit des brigandages inouis. Casal résista.

Le pape qui intervenait en médiateur, avait, on l'a
vu plus haut, envoyé Sacchetti et Mazarin à Milan.
Ils se rendirent sur le théâtre de la guerre dans le
Montferrat pour étudier la situation et arrêter l'effusion du sang. Sacchetti ayant été subitement forcé de
rentrer à Rome, son jeune secrétaire le remplaça et
en 1628 et 1629, il continua les négociations et les correspondances multiples de la légation. Insinuant et
aimable, il caressait tour à tour les divers intéressés
dans l'affaire de Mantoue, et il rendait compte très
régulièrement et tres exactement au cardinal-ministre
Barberini de tout ce qu'il faisait et de tout ce qui se
passait. Le cardinal remarqua tout particulièrement
l'adresse et la haute intelligence de Mazarin. Il fut
émerveillé de cette masse de renseignements que son
subordonné lui procurait et qui lui permettaient de
juger, de son cabinet, la situation et la marche des
choses dans le Montferrat. Le signor Jules était très
goûté du pontife romain et de son entourage. C'était
un concert général de louanges à l'adresse du jeune
secrétaire. Son père, qui faisait partie de la maison
des Colonna, écrivait à son fils les compliments que

lui attiraient les projets de la cour et les vues du monde politique sur la tournure à donner aux affaires du Montferrat. Mazarin commença alors à employer, pour se faire une clientèle d'amis dévoués, ce système de cadeaux importants qu'il pratiqua toute sa vie et qui est l'un des meilleurs moyens de faire son chemin dans le monde. Il envoyait à son père des instructions et de l'argent pour cet objet, et Pierre Mazarin s'en acquittait à merveille. Les Colonna demandaient pour le signor Jules un peu d'avancement; le pape l'accrédita auprès du gouverneur de Milan en 1629. Il arriva à s'introduire dans l'amitié des plus grands personnages de l'Europe, qui passaient à Milan, et l'on sut bientôt partout qu'il était très écouté à Rome, et que, pour obtenir quelque chose du pape, le meilleur moyen était de s'adresser à Mazarin.

Pendant ce temps Casal était assiégée par les Espagnols, et Richelieu, fort occupé au siége de La Rochelle, se hâtait d'en finir avec les calvinistes pour se porter au secours du duc de Nevers et de Casal. Un corps de volontaires français se forma en Savoie même et se jeta dans la place sous les ordres de Guy-d'Harcourt, baron de Beuvron, exilé de France par Richelieu, à cause de son duel avec Montmorency-Bouteville. Il fit des sorties, ravitailla Casal et mourut bravement dans une rencontre. Jean de Rechigne-Voisin, seigneur de Guron, envoyé par Richelieu, le remplaça et fit arborer sur la citadelle le drapeau français. Les habitants, Français de cœur, se défendirent héroïquement.

Marie de Médicis avait des idées toutes particulières sur les affaires d'Italie qu'elle voulait résoudre à sa manière, d'autre part elle avait marié le roi Louis XIII, son fils, avec une infante d'Espagne, et elle tenait essentiellement à conserver ses bonnes relations avec la cour de Madrid. Mais Richelieu, comprenant qu'il y allait de la dignité de la nation de ne pas laisser dire qu'un allié de la France pouvait n'être pas secouru, brisa avec la reine sa bienfaitrice, son intime amie, et fit comprendre au jeune roi l'importance qu'il y avait à se porter au secours du Mantouen et du duc de Nevers. Il fit écrire, le 26 décembre 1628, par le roi au brave seigneur de Guron qu'il allait à son secours. En effet, malgré l'hiver, l'armée française s'avança à marches forcées dans les montagnes couvertes de neige. Louis XIII la commandait, il fit sommation au duc de Savoie de laisser passer l'armée. D'après d'anciens traités, le duc y était obligé ; il refusa. Richelieu qui, en fait, avait la direction des troupes, ordonna de gravir le mont Genèvre ; on s'engagea dans le passage de la Suse, défendu par de formidables retranchements, le 6 mars 1629. Le roi grimpait sur les rochers avec un courage remarquable.

Le duc de Savoie, Charles-Emmanuel et son fils,

Victor-Amédée, le gendre d'Henri IV, combattirent de leur personne, et presque corps à corps avec le fils du Béarnais qui était entouré des premiers gentils-hommes du royaume. La furia francese l'emporta; le passage et la ville de Suse tombèrent au pouvoir de Louis XIII. Divers traités, conçus par Richelieu, furent signés par le duc de Savoie, et par plusieurs autres princes italiens.

Mazarin suivait avec une attention toute particu-lière les actes de Richelieu, et il admirait sa merveil-leuse activité, étudiant sa politique et sa manière d'agir. Le duc de Savoie, dès l'année suivante, cher-chait à se soustraire aux conditions du traité qui lui avait été imposé; il nouait des intrigues et rêvait d'en-vahir la Bresse et la Bourgogne, les évêchés et la Champagne; il désirait réunir l'Angleterre et l'Espagne contre la France; il suscitait mille incidents sur l'exécution des diverses clauses du traité, pillait la partie du Montferrat restée au duc de Nevers. Sa duplicité et sa mauvaise foi devinrent tellement évidentes, que la guerre menaçait de recommencer. Le pape Urbain VIII intervint, et chargea son neveu Antoine Barberini de se rendre à Bologne pour sur-veiller les opérations militaires et s'interposer. Sac-chetti rentra à Rome, mais Mazarin fut attaché à la légation dont Barberini était le chef. Il avait auprès du légat du pape une situation analogue à celle des attachés militaires actuels. Mazarin à cette époque avait encore le rang et l'uniforme de capitaine d'infanterie. La politique de la cour de Rome redoutait l'intervention de la maison d'Autriche dans les affaires d'Italie, et elle cherchait constamment à lui opposer la France. Elle ne désirait que la paix et ne redoutait rien tant que l'entrée en Italie des Autrichiens ou des Français, qui convoitaient les uns et les autres les lambeaux de la terre italienne, une grande prudence et une grande habileté étaient nécessaires pour arriver à ce résultat : faire peur aux deux nations en leur donnant l'effroi l'une de l'autre et les empêcher d'en venir aux mains sur le territoire de l'Italie. Mazarin commença par flatter le général en chef des Espagnols Spinola, qui venait de remplacer Gonzalès de Cordova.

Cet homme de guerre éminent avait obtenu d'éclatants succès dans les Pays-Bas. Mazarin lui raconta ses batailles comme s'il y eut assisté ; il lui montra que sa grande renommée n'avait rien à gagner en Italie ; que Collalto, général en chef de l'armée impériale, allait occuper le Mantouen et le Montferrat en maître comme suzerain. Puis il réfléchit que Charles de Gonzague ne pouvait tenir contre les impériaux, et qu'il était préférable, pour empêcher l'effusion du sang et les calamités de la guerre, de s'interposer immédiatement. Il partit sans ordre de son supérieur et se rendit à Mantoue, le 15 septembre 1629, et il négocia pendant plus d'une année.

Charles de Gonzague ne pouvait traiter avec l'empereur, sans l'assentiment de ses puissants alliés, le roi de France et la République de Venise. Il demanda leurs avis. La République de Venise répondit qu'elle s'en rapportait à l'appréciation du roi de France, son fidèle ami. Le résident de Venise, à Mantoue, poussait Charles de Nevers à la résistance. Mazarin rentra à Milan, et exposa à Spinola, gouverneur du Milanais et commandant en chef des troupes espagnoles, que le duc de Mantoue entendait résister, et, exagérant de beaucoup les ressources du duc, il conseilla à Spinola de retarder l'entrée de ses troupes dans le Mantouen. A Milan, Mazarin trouva des lettres de Rome, datant de plusieurs semaines, et par lesquelles le pape le chargeait de lui faire connaître la situation exacte de toutes les parties en cause, afin de combiner les démarches à faire pour ramener la paix. Il se rendit à Turin pour exprimer au duc de Savoie, Charles Emmanuel, le désir de la cour de Rome d'arriver à la pacification de la querelle. Ce prince ne demandait pas mieux que de retarder le plus possible l'invasion de ses Etats par les Français. Le nonce du pape, en résidence à Turin, était occupé à faire l'alliance entre la Savoie et l'Autriche. Mazarin arriva à se lier d'amitié avec Victor-Amédée, l'héritier présomptif du duché de Savoie, et ils se concertèrent fréquemment pour maintenir la paix. Mazarin se rendit alors auprès du maréchal de Créqui qui commandait les forces françaises en Italie, et lui demanda de retarder toute opération militaire. Il alla voir l'ambassadeur de Louis XIII, à Turin, M. Marini, qui lui expliqua toute la politique française. Louis XIII voulait la paix, mais par-dessus tout la sûreté et l'indépendance de ses alliés en Italie. Mazarin se rendait compte que la guerre ou la paix étaient dans les mains de Richelieu, et il brûlait du désir de connaître ce grand esprit et de converser avec lui

Pendant ce temps les troupes impériales entrèrent dans le Mantouen, et s'emparèrent de toutes les places, sauf Mantoue. Mazarin employa toute la fin de l'année 1629, à aller de l'un à l'autre, renouant sans cesse les fils brisés de ses négociations, portant partout des paroles de concorde, sans cesse à cheval, entre Turin, Mantoue, Milan et Bologne, faisant des suspensions d'armes, retardant la marche des armées les unes contre les autres, écrivant aux unes dans un sens, aux autres dans un autre, les retenant, les contenant, leur faisant peur, leur promettant le concours du pape dans leurs affaires privées. Mantoue fut assiégée par Collalto. Charles de Nevers appela, selon les conventions du traité, les Vénitiens à son secours. Ils arrivèrent au nombre de huit mille, commandés par des officiers français. Collalto, dont l'armée était décimée par les fièvres paludéennes, consentit un armistice. Antoine Barberini, légat du pape et Mazarin s'occupèrent activement de réunir un congrès. Des conférences préparatoires eurent lieu à Turin, avec le maréchal de Créqui, le duc de Savoie, le prince de Piémont, Victor-Amédée, l'ambassadeur de Venise. Le mois de janvier 1630, fut employé à ces négociations; Mazarin déployait une activité infatigable. Les intrigues incroyables du duc de Savoie échouèrent devant la loyauté et la fermeté de Créqui, aidé de la haute intelligence de Richelieu qui ne le laissait pas agir sans qu'il lui en eût, au préalable, référé. Le duc de Savoie, allié secret de l'empire et de l'Espagne, désirait que les choses traînassent en longueur, afin de faire fondre notre armée, de laisser Mantoue et Casal s'épuiser dans des siéges prolongés. Richelieu, remarquant l'insigne mauvaise foi de Charles-Emmanuel, rassembla une armée en Dauphiné, et laissant à Paris Louis XIII, qui prêtait déjà l'oreille aux ennemis du cardinal, Marie de Médicis devenue hostile à son ancien favori et le duc d'Orléans, brouillon sans cesse en révolte, Richelieu n'écoutant que son patriotisme et négligeant entièrement ses intérêts, vint prendre le commandement de l'armée en qualité de lieutenant-général. Il lança un manifeste signé par Louis XIII, dans lequel il expliquait les droits incontestables du duc de Nevers sur Mantoue et sur Monferrat, les démarches réitérées faites vainement pour obtenir l'investiture impériale, les traités de Suse, leur violation ; puis il envoya le maréchal d'Estrées à Venise pour réclamer de nouvelles troupes, et expédia le maréchal de la Force sur la Savoie et le Montferrat, se réservant la direction personnelle du gros de l'armée pour se diriger de Suse sur le point qui paraîtrait le plus menacé. Mazarin apprenant l'arrivée des armées françaises insista pour un armistice nouveau. Créqui lui répondit qu'il pouvait s'adresser à Richelieu directement, qu'il était à Lyon. Mazarin, qui désirait ardemment connaître celui dont le nom seul faisait trembler la cour d'Autriche, partit de Turin pour aller à la rencontre du cardinal. Il était à Chambéry le 25 janvier. Arrivé près de Lyon, il rencontra Saint-Maurice qui, envoyé auprès de Richelieu par Victor-Amédéo, rentrait à Chambéry, après avoir essayé de tromper le cardinal sur les intentions hostiles de son maître. Mazarin admira cette grande ville de Lyon, les régiments bien équipés, les riches provinces qui l'entouraient et il conféra avec Richelieu le 29 janvier. Richelieu avait auprès de lui Abel Servien, intendant de justice et de police. D'Hémery, intendant des finances et des subsistances, Bassompierre, La Force, Henri de Montmorency, Schomberg, de Sault, d'Alais, de Valançai, tout une élite d'officiers supérieurs de premier ordre. Mazarin fut vivement impressionné de l'attitude martiale et hautement chevaleresque de l'entourage du cardinal. Le regard d'aigle, froid et pénétrant de Richelieu, sa parole forte, nette et distinguée, ne décontenancèrent pas le jeune diplomate. Ils eurent ensemble un entretien qui dura trois heures, et pendant lequel l'Italien exposa au cardinal toute la politique romaine, avec un esprit et un agrément qui séduisirent Richelieu. Celui-ci, après avoir congédié le jeune envoyé du pape, s'exprima sur son compte d'une manière extrêmement élogieuse. Il ne supposait point alors que ce jeune attaché d'ambassade serait un jour son successeur, qu'il abattrait, comme lui, l'orgueil de l'aristocratie féodale, qu'il donnerait comme lui de nouvelles provinces à la France. La relation de cette entrevue si importante, fut transmise par Richelieu à Louis XIII.

Mais ce document a été soustrait des archives, et l'on n'a pu le retrouver ni au ministère des affaires étrangères, ni au dépôt des archives nationales, où l'on rencontre pourtant un si grand nombre de documents sur cette mémorable époque de notre histoire. Néanmoins, comme Richelieu raconte l'entrevue, dans ses mémoires, on peut se rendre à peu près compte de ce qui se passa entre les deux grands hommes. D'autre part, l'on a retrouvé aux archives de Rome, qui sont si fertiles en documents importants, le récit de l'entrevue, adressé par Mazarin, au cardinal Barberini, ministre du pape. Ces deux pièces se confirment l'une par l'autre. Voici le résumé de l'entrevue, d'après M. Victor Cousin, qui a eu en mains les lettres de Mazarin à Barberini :

« Mazarin était arrivé à Lyon, le 28 janvier, dans la soirée. A peine était-il descendu à une auberge, que le cardinal, averti de son arrivée, lui envoya dire qu'il désirait le voir, et le pria de se rendre chez M. d'Alincourt, de la maison de Villeroi, gouverneur de la ville et de la province. Celui-ci le reçut avec de grandes démonstrations de politesse, et voulut le conduire à une maison où il trouverait un logement convenable. Mazarin s'en étant défendu en alléguant qu'il avait un logement préparé chez un de ses compatriotes, d'Alincourt insista du moins pour l'y accompagner, et il ne le quitta qu'après avoir bien recommandé à son hôte d'envoyer chercher, au palais du gouvernement, tout ce dont il aurait besoin. Une heure après, un messager de Richelieu vint lui dire qu'il devait être fatigué, qu'il ferait bien de se reposer, et que le lendemain matin le cardinal le recevrait.

Le 29 au matin, Mazarin ne manqua pas de se trouver au rendez-vous qui lui avait été assigné. Il remit au cardinal la lettre du cardinal-légat qui l'accréditait auprès de lui, et alors s'ouvrit en quelque sorte la première scène de l'intéressante entrevue et commença la première conversation. Mazarin exposa brièvement l'affaire qui l'amenait, et s'appliqua à la représenter comme la chose la plus simple et à laquelle le cardinal ne pouvait pas se refuser. Une suspension d'armes était nécessaire pour que les trois plénipotentiaires pussent s'assembler et former le congrès que le cardinal-légat comptait venir honorer de sa présence. M. le maréchal de Créqui était convaincu de la nécessité de cette suspension d'armes, mais il avait cru devoir y mettre quelques conditions; on les avait fait agréer aux deux autres plénipotentiaires; et si le maréchal n'avait pas signé à Turin l'armistice convenu, c'était par le profond respect qu'il porte à celui auquel, comme à son supérieur, il défère la décision de toutes choses.

Voilà pourquoi Mazarin venait supplier le cardinal de ne pas différer davantage une mesure qui devait infailliblement conduire à la paix. L'empereur y était si bien disposé, qu'il venait d'écrire au Saint-Père une lettre, où il s'engage à favoriser l'accommodement des partis intéressés, et au fond il n'y avait plus qu'à s'entendre sur les prétentions du duc de Guastalla. L'impératrice adressait tous les jours au comte de Collalto les plus vives instances de ne pas s'opposer à la paix. Collalto ne voulait ni mécontenter l'empereur ni s'attirer l'animosité de l'impératrice; et il a dit plusieurs fois à lui, Mazarin, qu'après avoir poussé son

maître à envoyer une armée en Italie, pour y soutenir
son autorité, voyant qu'elle n'est plus contestée et
que l'honneur de l'empire est en sûreté, il est lui-
même d'avis qu'on peut donner les mains à un juste
arrangement de l'affaire de Mantoue.

Il y avait déjà là de quoi pouvoir prendre assurance
dans les intentions de Collalto : Mazarin en donna une
autre preuve bien forte, le désir exprimé par le général
autrichien de voir un ambassadeur vénitien dans le
congrès qui allait se réunir. Quant au plénipotentiaire
espagnol, le marquis Spinola, Mazarin en répondait
comme d'un partisan déclaré de la paix, et prêt à
toutes les mesures qui pourraient la faciliter. Sans
doute les Espagnols étaient entrés dans le Montferrat,
et ils étaient autour de Casal, mais ils n'occupaient
qu'un certain nombre de lieux et peut-être aujourd'hui
consentiraient-ils à en occuper encore moins, les
affaires de l'Espagne n'allant pas assez bien dans le
monde, pour la rendre très exigeante. Après avoir
obtenu avec tant de peine des couronnes de France,
d'Autriche et d'Espagne qu'elles nommassent trois
plénipotentiaires pour traiter d'une paix solide en
Italie, le pape conjurait la France de ne pas être un
obstacle à ce que les plénipotentiaires se pussent
assembler, pour arriver enfin à cette paix si désirée.
Mazarin ne pouvait pas croire qu'ayant trouvé des dispositions favorables dans un militaire, tel que le maré-

chal de Créqui, ce serait du cardinal que viendraient les difficultés, et il le croyait d'autant moins que la réunion demandée ne pouvait que tourner à l'honneur et à l'avantage de la France.

En effet, ou le congrès aboutirait à une paix raisonnable et la France aurait ce qu'elle souhaite, ou bien la paix ne se ferait pas malgré sa bonne volonté et sa bonne conduite, et alors la France serait d'autant mieux justifiée d'avoir recours à son épée, qu'avec des armées formidables et des préparatifs de guerre, tels qu'on n'en avait pas encore vus, elle avait condescendu aux négociations qui avaient paru convenables. La chrétienté tout entière l'approuverait de faire la guerre, et prendrait en haine ceux qui l'auraient rendue nécessaire. Très vraisemblablement, aussi, les ennemis de la France ne tarderaient pas à se diviser, et les princes électeurs de l'empire, pourraient fort bien se séparer de l'Espagne, s'ils reconnaissaient qu'elle n'avait demandé un congrès que pour tout entraver, tandis que l'empereur voulait sincèrement la paix. Aussi la France n'avait qu'à gagner aux négociations préparées, et à la suspension d'armes qui en était l'indispensable condition.

Richelieu laissa parler Mazarin sans l'interrompre, se bornant à le bien regarder et à le bien écouter ; ensuite, au lieu de discuter les diverses parties de cet habile discours, comme d'ordinaire il se plaisait à le faire didactiquement et même un peu pédantesquement, à la façon des théologiens, aussi opiniâtre dans ses résolutions une fois prises, que circonspect et lent à les prendre ; il répondit à Mazarin que le roi de France désirait extrêmement la paix, mais qu'il la voulait prompte et sûre, et qu'il n'était pas du tout disposé à s'en laisser imposer par la stratégie accoutumée de la diplomatie espagnole, dont la constante habitude est de traîner les choses en longueur pour profiter des occasions avantageuses qui pouvaient se présenter.

L'Espagne ne se tient pas pour engagée par les paroles qu'elle donne, et elle sait toujours interpréter le texte à sa guise, comme on l'a vu dans les traités de Suse qu'elle a fort bien acceptés se sentant faible, et qu'elle a éludés dès qu'elle s'est crue forte ; aussi ne la croirait-on pas alors même qu'elle dirait la pure vérité. Le roi désire la paix, mais il ne la juge pas possible en ce moment, parce qu'il ne voit pas les Espagnols disposés à la faire sur-le-champ, et à donner d'autres sûretés que leur parole. C'est lui-même qui a conseillé au roi d'en finir avec l'affaire d'Italie ; mais un si grand roi ne pouvant pas quitter chaque année son royaume pour venir traiter avec un gouvernement de Milan, il a paru suffisant qu'il donnât ses armées à conduire à celui de ses ministres qui a la principale part en sa confiance, et que les grands du royaume ne feraient pas difficulté de suivre. Sa Majesté s'est donc décidée à l'envoyer en Italie, lui faisant faire là un métier fort éloigné de celui d'un prêtre ; mais malgré tous les pouvoirs dont le roi a daigné le revêtir, il n'a pas celui d'accorder une suspension d'armes ; et l'eût-il, il n'en ferait point usage ici, ne voyant dans cette suspension qu'un nouvel artifice des Espagnols pour gagner du temps et se mieux préparer à la guerre. Si l'Espagne avait eu l'intention d'arranger les affaires d'Italie, ni le temps ni les moyens ne lui ont manqué, le roi très chrétien s'étant montré prêt à accepter toutes les propositions sérieuses qui lui seraient faites. On se doit bien persuader que cette seconde expédition en Italie n'est point une menace vaine ; on a beau répandre le bruit qu'il ne passera pas Lyon, il va, aujourd'hui même, continuer sa route avec toute la diligence possible. Il marche au secours du duc de Mantoue qu'on opprime, et se rend à Casal ; il lui faudra bien vingt-cinq ou trente jours pour y arriver, si, pendant ce temps, on veut loyalement ce qu'on sait bien que le roi souhaite, et ce qu'il est déjà venu faire l'an passé, lui, cardinal, sera charmé de retourner en France ; car son vœu, son intérêt le plus cher est d'être auprès du roi ; mais avant de quitter l'Italie, non seulement il veut voir Charles de Gonzague obtenir l'investiture qu'il sollicite si justement, et les armées impériales sortir des

Grisons, mais il lui faut de solides garanties qu'à l'avenir ni l'empereur ni le roi catholique ne tourmenteront sous aucun prétexte le duc de Mantoue. Il est absolument nécessaire d'établir si bien la tranquillité de l'Italie, que le roi de France ne soit pas obligé chaque année de passer les monts sur un caprice des Espagnols. Telle est la résolution bien arrêtée, et quand Mazarin lui parlerait vingt années, il ne l'ébranlerait pas.

Là-dessus, sans répondre à tout ce que lui avait dit Mazarin, et sans lui donner le temps de répliquer à ce qu'il venait de lui dire, Richelieu se leva, prit par la main son jeune interlocuteur et l'emmena déjeuner avec lui, en lui disant qu'il pourrait lui faire ensuite tous les discours qu'il voudrait, mais que pour la suspension d'armes il était superflu d'en parler.

A ces manières ouvertes et décidées, qui lui rappelaient, avec tout autrement de grandeur et de force, celles du maréchal de Créqui, à cette politique, non certes pas sans prudence, mais sans artifices, qui n'ayant que de bons desseins, marchait à leur accomplissement sans masque et sans détour, Mazarin put se confirmer dans ce qu'il savait déjà du caractère français et de celui de Richelieu. Il vit bien qu'il ne vaincrait pas aisément un refus fondé sur de tels motifs ; mais lui aussi, il avait un bon, un grand dessein, la paix de l'Italie ; et la conscience de l'excellence de ses intentions lui donnant du courage, il n'hésita pas à revenir à la charge, et il finit par gagner quelque chose sur l'inflexibilité du cardinal, dans la seconde partie de cette curieuse conférence, ainsi que nous allons le voir.

Après le déjeuner, ils étaient rentrés dans le cabinet de Richelieu. Là, Mazarin, reprenant la parole, dit au cardinal que les trois choses qu'il venait de réclamer, l'investiture pour le duc de Mantoue, la sortie des impériaux des Grisons, et de suffisantes garanties pour l'avenir, étaient aussi justes en elles-mêmes que nécessaires à l'établissement d'une paix durable, et qu'il ne doutait point que la France ne les obtînt de l'assemblée des plénipotentiaires, si cette assemblée se pouvait réunir au moyen d'une trêve quelconque, non pas déclarée, si on y voyait de l'inconvénient, mais tacite. Il ne demandait pas que le cardinal suspendît sa marche d'une heure; il demandait seulement que, pendant le mois reconnu nécessaire pour aller jusqu'à Casal, on se donnât parole de laisser les choses en l'état où elles étaient dans le Mantouen et le Mont-ferrat, afin que le cardinal-légat pût se rendre au lieu où se tiendrait l'assemblée, et que Spinola et Collalto pussent s'y rendre aussi de leur côté, ce qui leur était impossible sans une trêve; la crainte que leurs troupes ne fussent d'un moment à l'autre attaquées, ne leur permettant pas de s'en éloigner.

Pendant tout ce mois, l'armée française n'avait autre chose à faire qu'à marcher ; et en quoi en serait-elle empêchée par la trève et parce que les plénipotentiaires s'assembleraient ? Le cardinal peut donc sans danger accorder la trève demandée pour le temps qu'il mettra à passer en Italie ; et si en approchant du Montferrat il trouve la paix fort avancée, il verra s'il lui convient de s'arrêter pour l'achever. Mazarin le supplia de considérer que le pape envoyant au prince de l'Eglise, son propre neveu, avec le titre de cardinal-légat, s'interposer entre des armées catholiques déjà placées en face l'une de l'autre et prêtes à en venir aux mains sous la conduite de capitaines passionnés pour la gloire militaire, il était bien difficile de refuser à un tel personnage les moyens d'accomplir sa mission et de manquer à ce point au Saint-Père. Autant les Français auraient gagné dans l'opinion du monde, en se montrant animés du désir de la paix et favorables à tout ce qui pouvait l'amener, autant ils se feraient tort en laissant paraître des sentiments contraires, et les Espagnels et les impériaux intéresseraient l'Europe à leur cause s'ils parvenaient à établir qu'ils ne font la guerre que par nécessité, après avoir tout fait pour l'éviter, et avoir offert de remettre les Grisons en leur ancien état et de donner l'investiture au duc de Mantoue, sans demander autre chose, par pur motif d'honneur, qu'un dédommagement pour le duc de Guastalla.

Mazarin allait encore faire valoir d'autres raisons qui lui paraissaient très fortes, quand le cardinal lui dit avec impatience qu'il battait l'eau en renouvelant ses instances pour une suspension d'armes à laquelle il lui avait déjà déclaré qu'il ne pouvait consentir en aucune façon. Si les Impériaux et les Espagnols désirent tant la paix, pourquoi ne la font-ils pas sur-le-champ avec lui, qui a pour cela les pouvoirs suffisants? Pendant le mois qui va suivre, l'armée française pourra, dit-on, continuer à marcher; non, car elle se débandera dès qu'elle verra qu'il y a suspension d'armes; il ne sera pas possible de retenir sous le drapeau des gentilshommes, attirés par l'appât de la guerre, et qui, se sentant désormais inutiles, s'en retourneront chez eux; surtout il ne faut pas espérer faire passer les monts aux renforts de cavalerie, dont il a besoin et qu'il attend. Une pareille mesure serait fatale à l'armée. Le cardinal pria donc Mazarin de ne plus parler de suspension d'armes.

On lui faisait une peine véritable de lui demander, au nom du Saint-Siége, pour lequel il professait un si grand dévouement, une chose qu'il lui était même interdit d'entendre, parce que le roi de France le lui défendait, parce que lui-même, il la croyait mauvaise à l'Italie, et parce que les alliés de la France, et il nomma ici les Vénitiens, la considéraient comme inconciliable avec leurs intérêts. Il dit à Mazarin de

bien retenir cette déclaration : La France est prête à
faire la paix, pourvu qu'elle soit prompte et sûre, et
elle ne la jugera telle que lorsque le duc de Mantoue
aura reçu son investiture, lorsque les Impériaux auront quitté les Grisons, lorsque les Espagnols auront
réduit leur armée du Milanais à son état ordinaire,
lorsqu'enfin, ils auront donné une autre garantie que
leur parole, qu'à l'avenir, ni eux ni les Autrichiens
n'entreprendront rien contre le duc de Mantoue ; or,
une telle garantie ne se peut trouver que dans une
ligue des princes d'Italie, contre quiconque essayerait
de chercher querelle au duc.

Au mot d'une ligue des princes d'Italie, Mazarin
s'empressa de dire que cette ligue serait fort bien
accueillie des plénipotentiaires, car on lui en avait
déjà touché quelque chose ; seulement on voudra peut-
être lui donner plus d'étendue, et, au lieu de la borner
au duché de Mantoue, y comprendre tous les Etats
italiens. Sur quoi, le cardinal l'interrompant, s'écria
que jamais la France ne consentirait à une ligue de
cette sorte, qu'elle n'entendait nullement couvrir les
conquêtes que l'Espagne avait faites dans la Pénin-
sule, et enchaîner l'avenir de l'Italie et le sien propre.
Et en parlant ainsi, la France ne pouvait être soup-
çonnée de l'arrière-pensée de vouloir faire à son tour
des conquêtes en Italie, car on venait de la voir, à la
tête d'une armée puissante et victorieuse, s'arrêter à

Suse, dans un moment où elle aurait rencontré fort peu d'obstacles dans le Milanais, et se retirer après s'être contentée d'avoir sauvé cette fois au moins son allié le duc de Mantoue.

Pour aller au-devant de toutes les difficultés, comme aussi pour s'acquitter de la commission qui lui avait été donnée, Mazarin crut devoir appeler l'attention de Richelieu sur un point dont Collalto l'avait entretenu plusieurs fois. Les Impériaux sortiraient certainement des Grisons dès que l'affaire de Mantoue serait arrangée; mais Collalto pensait que le mieux serait de n'en pas faire mention dans le traité, parce qu'alors on devrait stipuler aussi la sortie des Français de Suse; car si le roi de France déclare qu'il ne peut abandonner les Grisons comme étant ses alliés, l'empereur peut répondre qu'ils sont les siens et bien plus anciens, et qu'il a le droit de s'occuper de Suse, cette ville étant un fief de l'Empire qui appartient et qui doit être restitué au duc de Savoie. Le cardinal répliqua que cette dernière prétention était d'une telle conséquence qu'elle avait grand besoin d'être examinée, et que ce serait là une affaire bien plus grosse encore que celle de Mantoue; qu'il estimait parfaitement juste de remettre Suse entre les mains du duc de Savoie, et que la France le ferait en vertu du traité spécial conclu avec le duc, mais sans reconnaître aucun autre droit, et se croire obligé d'en rendre compte aux Espagnols ni aux Impériaux.

Voyant donc qu'il était impossible de revenir sur la demande d'une suspension d'armes sans blesser le cardinal et sans rompre la conférence, Mazarin eut recours à cette fertilité d'expédients qui le rendit plus tard si célèbre ; il s'avisa d'un biais qui menait presque au même but par un détour ; il supplia Richelieu d'autoriser au moins le maréchal de Créqui à se porter dans le Montferrat, où se trouvait Spinola et Collalto pour examiner ensemble, au moyen d'une trève de quelques jours, les propositions de paix qui seraient faites. Le cardinal sentit qu'il lui était bien difficile de rejeter cette suprême prière sans avoir l'air de ne vouloir entendre à aucun accommodement, et sans prendre une immense responsabilité devant le Saint-Père, dont le suffrage lui était si précieux et dans les affaires de l'Italie et dans les vastes et périlleuses entreprises qu'il méditait et enfantait en silence. Mais il montra qu'il était toujours Richelieu, en tâchant de tirer avantage de la concession même à laquelle il ne se pouvait refuser ; il demanda au jeune chargé d'affaires pontificales, si au cas qu'il consentît à cette démarche du maréchal de Créqui, et qu'elle n'amenât point le résultat désiré, Urbain VIII se déclarerait ouvertement pour la France. Mazarin comprit le cardinal, et s'inclina en disant qu'il n'avait pas pouvoir d'engager son gouvernement sur une chose de cette importance, que l'intention du pape était de rester le père commun de tous les princes chrétiens, pour être auprès d'eux le médiateur écouté de l'union et de la paix, noble rôle auquel il renoncerait en prenant parti pour l'un ou pour l'autre; mais il eut l'art de faire entendre que le Saint-Père pousserait l'affection jusqu'à la reconnaissance envers celui qui paraîtrait favorable à la tranquillité du monde chrétien.

La conclusion fut qu'il ne serait plus question d'une suspension d'armes; et quant à la nouvelle proposition, Richelieu dit à Mazarin qu'il y réfléchirait, et qu'il lui ferait réponse après en avoir délibéré avec l'ambassadeur de Venise.

Ainsi se termina ce second entretien, où en vérité on ne sait qu'admirer le plus ou la capacité précoce du jeune diplomate, son adresse, sa dextérité, la fécondité de ses ressources, le talent de l'insinuation et de la persuasion, ou bien l'aplomb magistral de Richelieu qui ne s'écarte jamais de son but, reste ferme et constant dans ses desseins, en prêtant toujours l'oreille aux conseils de la raison et de la prudence. La conférence levée, avant de la reprendre et d'avoir avec Mazarin une troisième et dernière conversation, le cardinal assembla ceux de ses amis qui étaient sous sa main, et leur soumit la nouvelle proposition. On tomba d'accord qu'on pouvait l'accepter et faire dire en secret au duc de Mantoue et au commandant des troupes autrichiennes dans le Mantouen de rester dans leurs positions respectives pendant quelques jours, pour que Collalto pût s'avancer vers Casal, en même temps qu'on écrirait au maréchal de Créqui de s'y rendre sous quelque prétexte. Cette résolution prise, un des membres de ce petit conseil, Servien, à la fois magistrat, administrateur et diplomate, qui agréait fort au cardinal par la netteté et la fermeté de ses avis, alla de sa part trouver Soranzo, l'ambassadeur de Venise, et l'instruire de ce qui venait d'être convenu. Mais Soranzo avait des instructions de son gouvernement, tout à fait semblables à celles de ses deux collègues de Turin et de Mantoue, et qui consistaient à pousser la France à la guerre par tous les moyens, et à exciter le cardinal à franchir les Alpes le plus tôt possible. Aussi tous les jours que Richelieu restait à Lyon étaient à Soranzo des jours de supplice. Il reçut donc assez mal Servien ; il prétendit que tous les discours de Mazarin étaient des artifices des Espagnols inventés pour endormir Richelieu ; il écrivit même un billet au cardinal, où il lui répétait à peu près les mêmes choses, en ajoutant que la seule apparence d'incliner à la paix pouvait tout perdre ; que si le duc de Savoie s'en doutait, il se garderait bien de se déclarer, et conserverait sa neutralité équivoque, que le zèle même de la République en serait très refroidi. Ce billet de Soranzo piqua Richelieu ; il le fit appeler, et, en présence du maréchal de Schomberg, pour lequel il n'avait pas de secrets, il lui dit qu'il ne pouvait comprendre quel mal pourrait faire une course de Créqui à Casal, pendant que lui-même, avec l'armée, continuerait de s'avancer sans admettre ni délai ni suspension d'armes, et il ne se gêna pas pour faire cette remarque que messieurs de Venise, qui mettaient tant d'énergie à repousser toute proposition de paix, en devraient bien montrer autant contre les Autrichiens.

On s'occupa ensuite de concerter et de bien arrêter la réponse qu'attendait Mazarin. On le manda, on l'introduisit de nouveau dans le cabinet du cardinal, qui, lui adressant la parole devant Schomberg et Soranzo, lui annonça que sa proposition était agréée, qu'on écrirait à Créqui pour l'autoriser à se rendre à Casal, où l'appelaient aussi d'autres affaires, qu'il entendrait les projets de paix qui lui seraient apportés, et qu'il avait l'ordre d'accueillir celui de ces projets qui lui paraîtrait conforme aux intentions du roi; que d'ailleurs, pendant ce temps-là, lui-même arriverait à Suse, et mettrait la dernière main aux négociations commencées. Il rappela ce que voulait la France avec tant de netteté et de précision, que Mazarin n'eut pas de peine, à la sortie de la conférence, de mettre par écrit les paroles du cardinal et de leur donner la forme d'articles. Cependant l'ambassadeur vénitien, se mettant de la partie, en revint à ses propos ordinaires, que toutes ces démonstrations pacifiques des Impériaux et des Espagnols n'étaient que des artifices, et prouvaient seulement qu'ils avaient peur de la guerre. A l'entendre, Spinola n'avait plus que dix mille hommes, l'armée autrichienne était fondue, et son général, après avoir bien pillé et volé, ne demandait qu'à s'en revenir en Allemagne jouir de ses richesses. Soranzo ne parlait qu'avec mépris des Autrichiens, et dans son ardeur guerrière, il les dispersait et les mettait à néant. L'ancien capitaine d'infanterie crut devoir relever un peu vivement ces bravades. Le cardinal lui frappait de temps en temps le pied en lui disant : « Jeune homme, un peu de patience; » et, se penchant vers le maréchal de Schomberg, il lui disait à l'oreille : « Il a raison. » Puis, s'adressant à Soranzo, il répondit à toutes ses déclamations que le service de la France et de ses alliés n'exigeait pas du tout qu'on ménageât si peu l'honneur et la réputation de l'Autriche et de l'Espagne. Sur cela, il rompit la conférence, et, le jour même, il s'achemina du côté de Grenoble avec tout son état-major, faisant état d'être à Suse le 14 février et le 5 mars à Casal. Mazarin l'accompagna jusqu'à sa voiture. Le cardinal l'embrassa, comme il faisait à ceux dont il était content et dont il voulait se faire aimer, et il lui dit ces derniers mots : « Ayez soin de bien dire au Saint-Père quel dévouement professe pour lui la France, et que je suis

prêt à faire ou la paix ou la guerre comme il plaira à
Sa Sainteté. »

Mazarin était enchanté de son entrevue avec le cardinal et celui-ci ne l'était pas moins. C'est à dater de
cette époque que commença l'amitié de Richelieu pour
Mazarin. Ils quittèrent Lyon, le 29 janvier 1630.
Mazarin se rendit à cheval, à Turin, où il arriva le
2 février. Richelieu dirigea ses troupes sur Chambéry, capitale de la Savoie. Mazarin passa par
Chambéry, en se rendant à Turin, y trouva le prince
de Piémont, Victor-Amédée, qui parlait de résister et
d'arrêter Richelieu au passage ; mais il l'en dis-
suada, lui faisant comprendre que le cardinal puni-
rait sévèrement cette violation du traité de Suse.
Arrivé à Turin, Mazarin repartit aussitôt pour faire
accepter par les parties intéressées les clauses du
projet de traité que Richelieu accepterait. Il se rendit
auprès du duc de Savoie. Charles-Emmanuel adhéra
aux propositions et abandonna ses prétentions sur le
Montferrat, à condition que les Français quitteraient
Suse. De Turin, Mazarin se rendit, le 8 février, à
Pavie où il trouva Spinola et Collalto, chefs des armées
espagnoles et impériales, et il leur représenta qu'un
traité abandonnant le Montferrat, au duc de Nevers,
chasserait les Français de l'Italie, et que leurs armées
pouvaient plus utilement guerroyer dans les Flandres;
que l'intérêt de la religion catholique exigeait une

action sérieuse contre les protestants, et que c'était
faire mauvaise politique que consumer leurs forces
contre le roi très chrétien de France ; qu'il convenait
donc de tourner tous les efforts contre les Hollandais
et les Suédois hérétiques. Spinola et Collalto hésitèrent
et dirent qu'ils ne redoutaient point l'armée française,
puis ils demandèrent un délai de vingt jours et l'en-
gagèrent à retourner vers Richelieu. Mazarin refusa
et se rendit à Bologne, auprès du cardinal-légat, son
supérieur. Il croyait encore à la paix, malgré les
manifestations belliqueuses de Richelieu et de la
maison d'Autriche, et il pensait que, si le cardinal et
Spinola pouvaient avoir une conférence, la paix était
faite. Il alla à Alexandrie, d'où il écrivit sa première
lettre à Richelieu. Cette lettre très difficile à lire, se
trouve aux archives nationales, parmi les papiers de
Richelieu. Elle est datée du 20 février 1630, la voici
traduite par moi de l'italien :

« Illustrissime et Révérendissime seigneur, mon
très aimé protecteur, en partant de Lyon je suis
passé chez le seigneur comte de Collalto et chez le
marquis de Spinola, pour leur dire que Votre Seigneurie illustrissime n'était point éloignée de la paix, mais
qu'elle la voulait prompte et sûre, et je leur ai expli-
qué ce que vous pensiez. L'une et l'autre seigneurie
sont dans de bonnes dispositions, et prêts à accepter la
paix avec les sécurités et les précautions nécessaires

pour qu'elle soit stable et surtout durable. Je suis encore arrivé à comprendre à quoi l'on peut réduire les prétentions du duc de Guastalla, parce que c'est seulement cette question qui peut retarder l'exécution d'un si grand bien. J'ai tout dit avec grande diligence à monseigneur le nonce Pancirali pour qu'il puisse s'en entendre avec Votre Seigneurie illustrissime, et je me suis transporté à Bologne pour informer le seigneur cardinal-légat de mes négociations, afin que se rendant compte de l'état de l'affaire, il prît la résolution de venir de ce côté-ci. Sa Seigneurie illustrissime a jugé bon d'expédier un courrier avec grande diligence, à Rome, pour avoir les instructions de Sa Sainteté, et je les attends sans le moindre retard. Je puis bien vous affirmer que je le désire extrêmement pour avoir l'occasion de revenir auprès de Votre Seigneurie illustrissime, surtout que je me promets la gloire de réaliser cette paix, confiant dans le zèle et l'autorité de Votre Seigneurie illustrissime, à laquelle je fais ma très humble révérence — à Alexandrie, le 20 février 1630 — de Votre Seigneurie illustrissime et Révérendissime, le très humble et très dévoué serviteur. — Giulio Mazarini. »

Richelieu ne s'arrêta point et continua sa marche sur la Savoie, comme l'année précédente, prévoyant tout, réunissant des blés et des munitions à Antibes, des provisions considérables à Briançon, afin de faire vivre l'armée et de ravitailler Casal. A Embrun, il avait reçu la visite du nonce Pancirali, le 19 février, et lui avait remis un projet de traité analogue à celui qui avait été ébauché avec Mazarin. Ce projet fut discuté entre les intéressés et en présence de Mazarin, le 27 février, à Alexandrie. L'on n'arriva pas à s'entendre. Louis XIII quitta Paris, comme l'année précédente, à la tête d'une nouvelle armée. Charles-Emmanuel, toujours occupé de machinations cachées, cherchant à tromper tout le monde, voulait encore faire traîner les choses, et le 23 février il avait proposé un nouveau traité à Créqui. En même temps il en proposait un nouveau à l'Espagne. Jamais duplicité et fourberie n'ont été plus grandes. Richelieu qui n'avait aucune confiance dans le duc de Savoie et qui avait refusé de recevoir son fils, Victor-Amédée, écarta toutes ces propositions, tous ces artifices grotesques, franchit le mont Cenis et arriva à Suse dans les premiers jours de mars. Le supérieur des jésuites de Turin, le père Monad, vint proposer à Richelieu de faire épouser sa nièce, madame de Combalet, au fils du duc de Savoie, le cardinal Maurice, que le pape pour la circonstance aurait relevé de ses vœux ; il refusa. La fille de Henri IV, Chrestienne de France, mariée au fils aîné du duc de Savoie, Victor-Amédée, écrivait à Richelieu les lettres les plus pressantes pour l'empêcher d'envahir les Etats de son mari. Richelieu se décida à recevoir Victor-Amédée, et il s'efforça de lui faire comprendre que la politique de la France consistait à favoriser le développement et l'agrandissement de sa maison, aux dépens de l'Autriche, et que les traités secrets de la Savoie avec l'Autriche étaient non seulement injurieux pour la France, mais absolument contraires aux véritables intérêts de Charles-Emmanuel et de ses descendants.

La politique de Henri IV, comme celle de Richelieu visait, en effet, à l'annexion de la Savoie à la France, afin d'avoir pour frontières les Alpes, et à la prise de possession, comme compensation du Milanais, par les ducs de Savoie. Cette politique n'a pu aboutir que beaucoup plus tard, sous le règne de Napoléon III. Pressé d'en finir, Richelieu marcha le 13 mars sur Casalette, à quatre lieues de Turin, avec trente mille hommes et ravitailla Casal.

Mazarin voyant la guerre imminente, revint auprès de Richelieu le 17 mars au camp de Casalette, près de Rivoli, il rencontra le cardinal en plein champ, sous un arbre, très mal disposé à l'écouter, car il avait le matin même adressé son ultimatum au duc de Savoie qui avait répondu d'une manière évasive, selon son habitude. Le nonce Pancirali était avec Mazarin; bientôt survint Victor-Amédée. La nuit arrivait, Richelieu dit brusquement à Mazarin : « Il me faut la paix ou la guerre; que veut le Saint-Père? »

Mazarin répondit que le pape voulait la paix. On se sépara sans rien décider. Mazarin très frappé de la mauvaise humeur de Richelieu comprit que la paix n'était pas possible et que le cardinal préparait son plan de campagne. Il rentra dans la nuit à Turin, où il apprit que le cardinal-légat Barberini arrivait enfin pour s'entretenir avec le duc de Savoie et avec Richelieu. Le cardinal s'empara de Rivoli et envoya Servien avec un trompette et quatre cavaliers au duc de Savoie. Celui-ci refusa de conférer avec Servien. Le 19 mars, Mazarin quitta Turin et se rendit à Alexandrie. Richelieu le surlendemain attaquait Pignerol, après une feinte sur Turin ; la place capitula en quelques jours. Il assurait par cette capture le libre passage de l'armée de France en Italie. Ce coup hardi et inattendu produisit en Europe une profonde sensation. Pignerol fut fortifiée et les petites places voisines furent occupées par les Français. Des négociations eurent lieu à Pignerol entre le père Joseph Leclerc, marquis du Tremblay et le père Valérien, représentant officieux de l'empereur.

Mazarin revint une troisième fois vers Richelieu, le 10 mai, il trouva à Pignerol Servien et Schomberg. Richelieu était parti pour Grenoble, auprès de Louis XIII. Mazarin s'y rendit. Richelieu venait de se diriger sur Chambéry qui tomba aux mains de l'armée royale, puis il était retourné à Lyon auprès de la reine-mère, Marie de Médicis et de la reine infante, Anne d'Autriche. Rentré à Grenoble, le 17 mai, il y trouva Mazarin qui l'attendait. De longues conférences eurent lieu, et Richelieu conçut pour le jeune officier romain une estime croissante ; il emmena Mazarin à Chambéry, où se trouvait, auprès du roi, le nonce Bagni qui présenta le jeune diplomate à Louis XIII. Celui-ci fit au jeune homme les démonstrations les plus sincères de sympathie, et lui offrit un présent du plus haut prix. Mazarin refusa avec la plus grande politesse, et avisa son ministre du sacrifice qu'il venait de faire, afin de ne pas laisser mettre en doute son impartialité et son intégrité. Il insista auprès du roi en faveur de la paix, que le pape, son maître, désirait à tout prix obtenir, et le pria de rendre Pignerol, afin de préserver le duché de Mantoue des incursions redoutables des Impériaux. Louis XIII répondit qu'il voulait la paix, mais qu'il la voulait solide et durable, qu'il lui fallait donc des garanties contre le duc de Savoie, le promoteur de toute cette affaire du Montferrat ; puis il consentit à charger des commissaires spéciaux du soin d'écouter les préliminaires de paix, qui pourraient être exprimés par ses ennemis, mais en même temps il continua sa marche, s'empara de la Maurienne et de la vallée d'Aoste. Bagni, Mazarin, Bouthiller, Bullion, de Laubépine se concertèrent sur les bases d'un arrangement. Mazarin déploya dans les conférences qui eurent lieu à Chambéry, à la fin de mai 1630, toutes les ressources de son esprit inventif et conciliant. De Laubépine, se rendit auprès du roi et de Richelieu, pour leur soumettre les éléments de la paix; ils refusèrent d'y donner suite. Mazarin se rendit alors pour la quatrième fois auprès de Richelieu, qui lui exprima son intention bien définitive d'obtenir de sérieuses garanties du duc de Savoie, lequel avait pris partie contre l'armée française, et dont la trahison exaspérait le roi, son beau-frère. Richelieu confia au jeune officier un projet de paix, mais il l'autorisa personnellement à en adoucir un peu les termes, s'il le jugeait indispensable, tout en lui faisant prêter serment de ne révéler à personne cette concession. Malgré la latitude laissée à Mazarin, le traité de Richelieu était très dur pour les parties adverses. Le jeune diplomate partit, promettant au cardinal de revenir vers le 15 juin; il rentra à Turin le 2 juin. Le duc de Guise s'était, dans l'intervalle, emparé du comté de Nice. Le duc de Savoie ne voulait plus rien entendre et exigeait de ses alliés secrets, l'Espagne et l'Autriche, l'envoi de secours considérables et l'invasion par leurs troupes de la Champagne, de la Picardie et de la Lorraine. Le Mantouen et le Montferrat furent occupés par les Espagnols.

Le duc de Savoie continuant encore son système de

ruse et de duplicité, forçait Chrestienne de France, sa belle-fille, à écrire sans cesse au roi, son frère, afin de retarder la marche des Français. Cette vaillante princesse écrivait les lettres qu'on lui imposait, mais secrètement, elle avisait Louis XIII de n'en rien faire. On a retrouvé aux archives des affaires étrangères de nombreuses lettres constatant la vive amitié que Chrestienne conservait au roi et à la France. Mazarin et l'ambassadeur de Venise avaient été chargés par elle de cette correspondance occulte extrêmement curieuse. « J'apprends qu'on la maltraite à Turin, avait dit Louis XIII à Mazarin, cela suffirait à me faire passer les Alpes, pour aller à son secours. » Elle offrit un présent magnifique au jeune diplomate qui le refusa comme il avait refusé celui du roi. Malgré les bonnes relations qu'il entretenait avec Chrestienne et avec le duc de Piémont, son mari, Mazarin ne put faire accepter le projet de traité de Richelieu. « Je préfère, lui dit Charles-Emmanuel, être le souverain indépendant d'un village, que le vassal d'un grand Etat ; du reste, je m'en rapporte à mes alliés d'Espagne et d'Autriche. » Mazarin se rendit alors au camp de Casal, auprès de Spinola, général en chef des Espagnols, qui accepta le projet de traité, sauf quelques modifications sur lesquelles on pouvait s'entendre. Mais Charles-Emmanuel intervint et anima Spinola contre la France. Ce furent alors des discussions théoriques interminables et des violences sans fin contre Richelieu. Mazarin fit observer qu'il ne s'agissait ni de thèses philosophiques ni d'appréciations individuelles, mais d'un projet de traité dans lequel chaque contractant ne pouvait espérer obtenir tout ce qu'il demandait, que le roi de France acceptant en principe la restitution de Pignerol, il y avait lieu de tenir le plus grand compte de cette condescendance, qu'il fallait lui en savoir gré, puisque l'on avait maintenant la preuve qu'il désirait sincèrement la paix. Que la remise de Pignerol était, depuis un mois, la condition imposée par tout le monde, au roi de France, et que, aujourd'hui, cette condition étant remplie, il fallait raisonner froidement et en finir avec cette lutte sacrilége.

Un contre projet fut alors préparé; il était tout à l'avantage de la Savoie, qui reprenait toutes ses possessions et la plus grande partie du Montferrat. Spinola protesta; mais ce fut en vain; il demanda alors un délai pour consulter Collalto personnellement, et savoir de lui s'il exigeait réellement des conditions aussi dures pour la France et pour son allié, le duc de Nevers et de Mantoue. Mazarin remarquait que les choses traînaient trop en longueur, mais ne pouvant mieux employer son temps, il étudia avec le plus grand soin, au siége de Casal, la tactique et la stratégie du grand capitaine espagnol, l'art d'investir les places, les travaux des ingénieurs qui passaient alors pour les plus éminents de l'Europe. A ce siége de Casal, le brave maréchal français de Toiras, qui occupait la ville, déployait une bravoure et une habileté incomparables. Entouré de Montausier, de Baradot, de Louvré et de cent autres gentilshommes français, la fleur de l'armée, l'élite de la jeunesse chevaleresque, il faisait des sorties héroïques, et fortifiait les villages des environs de Casal; cette jeunesse combattait fièrement, mourait joyeusement pour la défense et pour l'honneur de la patrie.

Mazarin éprouvait pour la bravoure française la plus vive admiration; les assauts meurtriers qu'elle repoussait, les traits de courage qui la signalaient, provoquaient de sa part des témoignages enthousiastes. Il assista notamment à deux sorties des Français, et il écrivit à son ministre deux lettres datées du camp, sous Casal, où l'on remarque les sentiments d'un admirateur convaincu et sincère. Spinola avait autour de Casal douze mille fantassins et quinze cents cavaliers, des Espagnols, des Napolitains, des Allemands, des Lombards; Casal était défendue par quinze cents Français et cinq cents Italiens. « Le gouverneur de Casal, Toiras, écrit-il à Barberini, le 7 juin, n'ayant plus d'argent, a fait fondre toute son argenterie. Il parle continuellement à ses soldats, il les anime en leur répétant que le roi de France est à cheval et s'avance à leurs secours. » Il estimait que Casal pouvait encore tenir pendant cinquante jours. Le jeune diplomate qui resta toute sa vie, comme Richelieu, un homme de guerre, s'instruisit surtout au siége de Casal dans l'art militaire.

Le 9 juin, Mazarin quitta le camp de Casal et Spinola, et se rendit à Marignan, auprès de Collalto, général en chef des Autrichiens, qu'il trouva gravement malade. Les troupes impériales assiégeaient la ville de Mantoue, après avoir conquis tout le Mantouen. Charles de Nevers, aidé par le maréchal d'Estrées, avait sous ses ordres des troupes vénitiennes qui refusaient de se battre. Quelques Français défendaient courageusement la place, sous les ordres du comte de Candole, du chevalier de La Valette, du comte de la Guiche et d'Arnauld. La démoralisation régnait parmi les assiégés. Mantoue heureusement était protégée par sa situation topographique, au milieu d'un lac formé par le Mincio, et entourée de marais pestilentiels. Mazarin, qu'un secret instinct poussait déjà vers la France, avertit Charles de Nevers d'un projet très dangereux d'attaque, par un côté vulnérable de la place. Les assiégés se hâtèrent de tirer profit de cet avis si utile et fortifièrent la ville sur ce point. Collalto ne se hâtait pas de dire à Mazarin son dernier mot sur le projet de traité. Le diplomate écrivit, le 14 juin, au cardinal Bagni, resté

auprès de Richelieu, pour s'excuser des retards involontaires qu'il mettait à revenir auprès du quartier-
général du roi de France; il lui exprimait ses craintes
sur le succès de ses négociations et sur l'issue de la
guerre.

Richelieu comprenant qu'il n'y avait plus un moment à perdre, décida qu'il convenait d'aller au secours
de Mantoue. Collalto finit par répondre à Mazarin,
qu'il ne pouvait négocier en dehors de Spinola et du
duc de Savoie. Mazarin se rendit auprès d'eux, muni
d'un projet nouveau de traité préparé par le général
autrichien. Ce projet établissait l'indépendance du duc
de Nevers qui, d'après lui, étant vassal de l'empire en
sa qualité de duc de Mantoue, ne pouvait rien attendre
que de l'empereur et ne devait plus avoir de relation
avec le roi de France, lequel n'avait aucun pouvoir
sur les Etats allemands, et dont l'intervention n'était
pas admissible entre un vassal et son suzerain. Il soutenait, d'autre part, les droits du duc de Guastalla et
de la duchesse de Lorraine, qui, eux aussi, étaient
des vassaux de l'empire. Il s'élevait contre la prétention du roi de France de passer à son gré, à travers
les Etats du duc de Savoie, afin de venir s'immiscer
dans les affaires de l'Italie. Mazarin s'était efforcé de
démontrer à Collalto la puissance redoutable des
armées françaises et la modération de Louis XIII, qui
consentait à abandonner Pignerol et toute la Savoie,

pourvu que le duc de Nevers fut bien établi dans le Mantouen. Mazarin écrivit au nonce Pallotta, placé auprès de l'empereur à Vienne, afin de l'engager à insister auprès de l'empereur pour que des instructions pacifiques fussent envoyées d'urgence à Collalto.

Le 15 juin, une partie des troupes qui assiégeaient Mantoue, fut envoyée au duc de Savoie pour l'aider contre le roi de France, en Piémont, et le bruit se répandit au camp de Collalto, que Louis XIII ne marchait pas au secours de Casal, et qu'il rentrait en France. Mazarin protesta contre ce bruit mensonger. Il revint auprès de Spinola et se plaignit amèrement des courses inutiles qu'on lui faisait faire. Il montra au général espagnol les difficultés du siége de Casal et l'exhorta à la paix; puis le 19, il se rendit à Moncalieri, près de Turin, où se trouvait Charles-Emmanuel, auquel il chercha à inspirer la crainte de la vengeance de Louis XIII. Le duc se borna à lui répéter qu'il ne pouvait rien faire en dehors de ses alliés, les Autrichiens et les Espagnols. Il avait pour Richelieu une haine implacable, et il affirma à Mazarin que les Français étaient perdus, que la France allait être envahie, et que Casal et Mantoue étaient à la veille de capituler; qu'il venait de recevoir des troupes de Collalto, et qu'il se chargeait de soutenir le choc de l'armée royale, que l'Angleterre faisait la paix avec l'Espagne, dont les forces considérables étaient sur le point de devenir disponibles.

Tout le nord de l'Italie était en armes; les campagnes pillées par les troupes qui les parcouraient ne pouvaient plus fournir de vivres, la peste commençait ses ravages. Mazarin était vivement affecté de toutes ces calamités, il en prévoyait de bien plus grandes encore, et il était fort peiné de voir tous ses efforts restés sans résultat pratique. Le pape voulait la paix à tout prix, son diplomate n'aboutissait à rien. Charles-Emmanuel voulait tenter un effort sur Pignerol, où le jeune Henri de Montmorency venait de remplacer Schomberg. Ce nouveau chef n'avait ni les talents militaires ni l'habileté politique de son prédécesseur. Il était léger, vain et mobile, et Charles-Emmanuel espérait en avoir facilement raison. Le 27 juin, le duc de Savoie attaqua Brigneras, pour de là marcher sur Pignerol. Il montra une vaillance rare.

Mazarin l'accompagnait. Surprise, la garnison iut obligée de se retirer dans le fort, mais elle tint bon, et le duc de Savoie fut forcé de se retourner sur la petite place de Sarsenasco, qui n'avait que soixante hommes pour la défendre. Charles-Emmanuel la bombarda et la prit. Saint-Ange qui commandait la ville fut menacé d'être pendu. Mazarin intervint et lui sauva la vie. Montmorency abandonna les petites places qu'il tenait dans la campagne, et concentra ses forces dans Pignerol.

Mazarin voyant le duc de Savoie très décidé à prendre activement l'offensive, retourna vers Richelieu, triste et découragé, redoutant l'accueil du cardinal auquel il avait promis la paix pour le 15 juin, et qui avait perdu près d'un mois à l'attendre. Il conféra en passant à Pignerol avec Montmorency, et le 3 juillet il se rendit à Saint-Jean de Maurienne, où il rencontra Richelieu. Il le trouva fort mécontent. Des dissentiments étaient survenus. Le cardinal de Bérulle, devenu le favori de la reine-mère, Marie de Médicis, la poussait contre Richelieu, auquel il reprochait de ne pas exterminer les hérétiques de France. Marie de Médicis n'avait jamais pardonné à Charles de Nevers la part qu'il avait prise à l'assassinat de son premier favori, Concini. Elle voyait d'un mauvais œil la guerre allumée, par Richelieu, entre la France et la catholique Espagne, à l'alliance de laquelle elle tenait par-dessus tout. En outre, elle avait en sa qualité de florentine des idées toutes particulières sur les affaires d'Italie, et les intérêts de Charles de Nevers l'intéressaient très peu. Depuis quelques temps, en outre, son ancienne amitié pour Richelieu, faisait place à un sentiment tout opposé. D'autre part Louis XIII, malgré ses grandes qualités, manquait d'esprit de suite; il était très souvent malade et son caractère inconstant, taciturne ne lui permettait pas de poursuivre longtemps le même but. Sa santé donna de sérieuses inquiétudes, il se rendit à Lyon, puis revint à Saint-Jean de Maurienne, rappelé par Richelieu. De son côté, Richelieu souffrait beaucoup de la maladie de vessie, qui le minait depuis longtemps; il avait des idées noires, et les retards et les insuccès de Mazarin lui faisaient craindre quelque trahison. Le jeune diplomate se doutant des ressentiments de Richelieu, l'aborda avec une franchise très déterminée et lui annonça, sans ambage, qu'il n'avait pas abouti. Il lui expliqua très sincèrement les causes de son insuccès: les divers intéressés ne voulaient rien conclure les uns sans les autres. Charles-Emmanuel, décidé à tout risquer, s'en référait à Collalto et à Spinola. Spinola ne voulait pas répondre sans avoir consulté Collalto, celui-ci refusait la paix à moins d'ordres précis de l'empereur. Il n'avait donc pas été possible de réaliser le projet de traité. Du reste, les propositions de Richelieu en présence des armements considérables de ses ennemis étaient inadmissibles. Plusieurs conférences eurent lieu alors entre Mazarin et le cardinal; Schomberg, Châteauneuf, le marquis d'Effiat, trois hommes du plus grand mérite et du plus grand savoir y assistaient. Le père Joseph y manquait; il était parti pour Ratisbonne, où un congrès de la plus haute importance était réuni et s'efforçait de résoudre les questions les plus graves qui agitaient alors l'Europe, et notamment les affaires d'Italie.

A la demande de Richelieu et avec l'assentiment du légat Bagni, Mazarin rédigea le compte rendu développé de toutes ses négociations. Le 4 juillet il le remit à Louis XIII, qui désirait en conférer avec Marie de Médicis, afin de lui faire bien comprendre les droits de la France, ceux du duc de Nevers et l'impossibilité où l'on était d'abandonner la partie engagée.

Mazarin voyait Richelieu tous les jours et ils s'entretenaient très longuement ensemble. Il lui exposa très nettement que pour faire la paix, il fallait rabattre de ses prétentions premières, les circonstances devenant graves pour la France. Richelieu refusait de faire des conditions meilleures à ses ennemis. Il protestait hautement et avec violence contre les explications du jeune diplomate; mais celui-ci à force d'arguments, de discours, d'insistance, parvint à faire céder le grand ministre qui retira les principales dispositions de son projet. Mazarin en proposa d'autres que Richelieu n'accepta pas.

Enfin, le 10 juillet, après bien des combinaisons, bien des pourparlers, bien des réflexions et bien des emportements de Richelieu, on finit par convenir qu'il ne fallait plus que s'occuper du but véritable de la guerre, du refus de l'empereur de donner l'investiture au duc de Mantoue, le fils du duc de Nevers, que les autres questions si nombreuses, qui encombraient la discussion et les négociations devaient rester dans le *statu quo.* Mazarin crut alors pouvoir répondre du succès, mais à la condition que le roi et Richelieu avanceraient davantage dans le pays, afin de montrer leur intention bien arrêtée de continuer la guerre. Mazarin partit pour Turin. Il y trouva Charles-Emmanuel, qui attendait de nouveaux et importants renforts de ses alliés. Mazarin lui expliqua son étonnement de la joie qu'il manifestait, il lui fit comprendre que lorsque de grandes armées allemandes occuperaient tout le nord de l'Italie, il deviendrait bien difficile de les en faire sortir, qu'il y avait à craindre qu'elles n'en vinssent à se considérer comme étant en pays conquis et que dès lors, par haine de la France, le duc ne livrât, lui-même, la contrée à la maison d'Autriche.

Le remède était pire que le mal. Ce fut pour le duc de Savoie un éclair de lumière. Il vit que ses sentiments hostiles à la France le précipitait, pieds et poings liés, dans les bras de l'Autriche et il eut peur. Il accepta le nouveau projet de Richelieu et il s'empressa d'envoyer avec Mazarin le commandeur Passer, auprès de Spinola, pour l'engager à accepter, de suite, les propositions dont il était porteur. Arrivés à Casal, Mazarin et Passer n'eurent pas de peine à convaincre Spinola, qui avait du reste toujours paru assez enclin à la paix ; mais il s'en référait toujours à l'assentiment préalable de Collalto. Les pacificateurs voulaient se rendre à Marignan, mais Collalto n'y était plus; il était parti, malade, pour Como. Ce contre temps fut un coup de foudre pour Mazarin qui voyait échapper la paix, au milieu du retard qui allait se produire. Il soupçonnait du reste que Collalto allait lui répondre comme précédemment, que le duc de Savoie étant le principal intéressé, il lui était nécessaire de conférer avec lui; c'était toujours la même situation inextricable. Il imagina alors de faire envoyer directement par le duc de Savoie et par Spinola des personnes de qualité, ayant mission spéciale de notifier à Collalto l'acceptation du traité. Spinola refusa de le faire, disant qu'il n'avait plus aucun rapport avec Collalto, qu'une violente inimitié était survenue entre eux, et qu'ils ne correspondaient plus ensemble. Mazarin perdit alors patience et renonçant à cette attitude modeste, réservée, douce, prudente, caline qui était le fond de son caractère, il s'emporta et bien que n'ayant, en fait, aucune qualité, aucune mission officielle directe du pape, il dit au vieux Spinola les plus dures vérités. C'est là l'un des plus beaux moments de la jeunesse de Mazarin. Il fut superbe d'indignation et d'amertume. Il reprocha amèrement au général espagnol sa mauvaise foi. « C'est vous, lui dit-il, qui le premier m'avez poussé dans le dédale des négociations, des combinaisons que j'ai entreprises, c'est vous qui tout récemment encore m'avez engagé à continuer des démarches pénibles, fatigantes, ardues, dangereuses pour ma sécurité et pour mon honneur, redoutables pour la dignité du Saint-Père, notre maître à tous. C'est vous qui m'avez envoyé auprès du chevaleresque roi de France, auprès du grand cardinal, son ministre, pour obtenir d'eux des conditions meilleures. Aujourd'hui je suis parvenu à ce résultat inespéré, utile pour l'Espagne, et vous refusez d'y souscrire ! Je vous apporte la paix, la sortie des Français d'Italie, et vous voulez qu'ils y restent, qu'ils vous en chassent, peut-être bientôt! Vous me renvoyez à Collalto, et vous refusez de faire le nécessaire pour qu'il connaisse vos intentions! Vous vous réfugiez derrière je ne sais quels dissentiments, quelles futiles dissensions personnelles entre vous et lui. Vos mesquines rivalités de gens de guerre, vos jalousies puériles l'emportent dans votre esprit sur l'amour du bien public, sur la paix de votre patrie, sur la sécurité de votre nation, sur l'honneur du roi d'Espagne. Ah! je vous comprends, maintenant, vous voulez prendre Casal et vous voulez le garder. Ce n'est pas les intérêts des prétendants au duché de Mantoue ou de Montferrat que vous défendez ici. Vous venez en Italie faire des conquêtes! voler Casal à ses possesseurs légitimes ! Vous reprochez au roi de France ses vues ambitieuses sur l'Italie, d'où il désire, vous en avez la preuve évidente, sortir au plus tôt, et c'est vous qui convoitez les lambeaux du sol italien ! Non ! jamais le Saint-Siége ne vous suivra dans vos injustes et cupides projets. Vous pouvez nous tromper, vous ne nous asservirez pas ! »

Fort ému et fort surpris, Spinola consentit à un armistice de six jours, pourvu que Collalto acceptât aussi un armistice de même durée, afin de permettre à Mazarin de se concerter avec Collalto, avec Toiras et avec le duc de Savoie. Le jeune diplomate en quittant Spinola était fort perplexe. Que faire ? Il n'était pas au service de la France, il n'avait pas mission de prendre en mains ses intérêts exclusifs et, bien qu'il fut poussé vers cette nation par un secret instinct, il ne pouvait oublier qu'il était le serviteur du pontife romain, et que sa mission ne consistait pas à épouser les querelles des uns plutôt que des autres, mais bien à empêcher la guerre, à ramener la paix, à faire sortir d'Italie, Français et Impériaux. Il écrivit à Bagni pour qu'il exposât à Richelieu les nouveaux retards qu'il éprouvait par suite de l'éloignement de Collalto, et lui faire connaître les machinations des Espagnols et l'approche d'importants renforts contre les Français. Il le priait en outre d'écrire à Vienne, au cardinal-légat, Pallotta, l'assentiment du duc de Savoie, à l'arrangement proposé, afin que l'empereur pût donner à Collalto des instructions conformes et arrêter la marche de ses troupes.

Le 12 juillet, il se rendit auprès de Collalto, à Como.
Il arrivait trop tard, la tempête était déchaînée.
Richelieu, fort occupé par la diète de Ratisbonne, les
intrigues du duc d'Orléans, de la reine-mère et de ses
nouveaux favoris, voulait en finir avec la question du
Montferrat. Il avait fait venir des renforts et avait
arrêté le plan de campagne avec Montmorency,
Schomberg, d'Effiat et de La Force. Montmorency et
d'Effiat franchirent le mont Cenis le 6 juillet, et
arrivèrent le 8 à Saint-Ambroise. Le maréchal de La
Force occupa Chiavenne. L'armée française se composait dans ces parages de douze mille hommes d'élite.
Elle était sous les ordres d'officiers supérieurs de
grand mérite, Cramail, Rochepot, de Maure, Coligny-
Soligny, Sourdis, archevêque de Bordeaux, La Ferté,
d'Argencourt le plus habile ingénieur de l'époque. Ils
se trouvaient en présence de forces considérables,
commandées par le vaillant et astucieux Charles-
Emmanuel, ayant avec lui tous les princes et tous les
gentilshommes de ses Etats et un grand nombre de
vieux soldats espagnols, en tout vingt-huit mille fantassins et cinq mille cavaliers. A ce moment, son fils,
le prince de Piémont, commandait à Veillane la plus
grande partie de ces troupes. Montmorency et d'Effiat
décidèrent de suivre un chemin de traverse dans les
montagnes pour atteindre Chiavenne en passant près
de Veillane, afin d'opérer une jonction avec de La

Force, établie à Chiavenne. Le 10 juillet, oubliant toute mesure de prudence, en plein jour, l'armée française osa passer en vue de Veillane.

L'ennemi chercha à couper et à envelopper cette longue file de guerriers et de bagages qui gravissait lentement la montagne. Un combat héroïque eut lieu, c'est un des plus glorieux faits d'armes du xvii° siècle. Le sort de la France était, ce jour-là, entre les mains de quelques centaines de Français. Ils se conduisirent avec un courage incomparable ; l'ennemi étonné et décimé hésita. Reprenant l'offensive, Montmorency, et d'Effiat firent des prodiges de valeur, enflammés par le péril, ils triomphèrent du désavantage des lieux et de la supériorité du nombre. Les gendarmes de monsieur, les gendarmes de Noailles, les quatre compagnies de la garde royale et deux cents cavaliers des chevau-légers du roi, soutinrent le choc de forces quatre fois supérieures et les repoussèrent en plusieurs petites rencontres isolées dans le vallon, situé entre Saint-Ambroise, Veillane et Chiavenne. Charost combattit comme un lion, de Rambures, l'épée à la main, se précipita dans la mêlée avec ses officiers et quelques soldats restés debout et fit un grand carnage. Du Plessis-Praslin allait de côté et d'autre soutenant le choc des ennemis, selon les circonstances de la lutte. Montmorency était resté avec d'Effiat à l'arrière-garde, où devait se porter l'effort de l'ennemi qui

espérait bien couper les communications entre les
derrières de cette armée, et les troupes restées avec
Richelieu et avec le roi. Ils se rendirent compte qu'il
fallait vaincre ou périr. A la tête de l'infanterie,
Montmorency entra dans un bataillon ennemi, son
cheval tomba dans un fossé, d'Effiat se précipita à son
secours avec soixante chevau-légers, et fit une
trouée qui décida du succès de la journée. Son cheval
reçut quatre coups d'épée et deux coups de carabine
et de pistolet. Le régiment ennemi de Galas, qui
jamais n'avait été vaincu sur aucun champ de bataille,
fut taillé en pièces.

Victor-Amédée, le prince Doria, le prince Thomas
qui, eux aussi, avaient fait preuve d'un courage incomparable, furent forcés de se retirer dans Veillane.
Dix-sept drapeaux restèrent entre nos mains. Ce combat dura environ deux heures, et les Français cou-
chèrent le soir à Chiavenne. Ce fut un coup de foudre
et Mazarin essaya d'en profiter pour reprendre ses
négociations. Mais Mantoue capitula. La semaine
suivante, elle fut surprise par Aldringer, lieutenant
de Collalto, pendant la nuit du 17 au 18 juillet. Malgré l'héroïsme tardif de Charles de Nevers, de son fils,
du maréchal d'Estrées, du colonel Arnauld, il fallut se
rendre à merci. Mantoue fut pillée et saccagée par les
Impériaux.

Mazarin trouva Collalto irréconciliable, fier de son

succès et très disposé à en profiter et à résister même aux intentions pacifiques de l'empereur, son maître. Il promit néanmoins de conférer bientôt avec le duc de Savoie et Spinola. Mazarin revint au camp, sous Casal, auprès de Spinola, le 21 juillet, et assista aux feux de joie qui, pendant trois journées, illuminèrent les environs de Casal en célébration de la prise de Mantoue. Spinola lui déclara qu'il ne voulait rien entendre avant d'avoir pris Casal. Les lauriers de Collalto excitaient son amour de la gloire. Il refusa toute entrevue avec le général autrichien.

Mazarin fut avisé par Bagni, que la Hollande avait resserré ses liens d'amitié avec la France, que le duc de Lorraine qui avait promis d'envahir la Champagne, n'y entrerait point, que Marie de Médicis était maintenant favorable aux vues de Richelieu, et poussait hardiment à la guerre contre l'Autriche, que de grands préparatifs avaient lieu en France. Il montra la lettre à Spinola qui finit par consentir à une suspension d'armes de vingt jours. Mazarin pour la réaliser se rendit auprès du duc de Savoie, le 25, à Saviglian. Le lendemain, Charles-Emmanuel y expirait de la peste, sous les yeux du jeune diplomate, à l'âge de soixante-neuf ans. Il était à la veille d'abdiquer, afin de permettre à son fils Victor-Amédée, qui n'était pas engagé comme lui dans les négociations avec l'Autriche, de traiter avec la France. Ce prince très instruit, auteur d'ouvrages remarquables, très artiste, très brave mais hostile à la France, laissa le trône à un prince, ami de la France, beau-frère du roi, ayant les qualités de son père et n'en ayant pas les défauts.

Instruit par le malheur, par les désastres des invasions étrangères, il comprit que l'avenir de sa maison était l'alliance française. Richelieu lui démontra aisément qu'il avait tout à attendre de l'amitié de la France et qu'il n'en avait rien à craindre. D'autre part Mazarin était, on l'a vu plus haut, étroitement lié d'amitié avec Victor-Amédée, qui, le jour même de la mort de son père, conféra avec le diplomate romain sur les préliminaires de la paix. Mazarin lui fit part de la proposition d'armistice de Spinola. Le 27 juillet, Victor-Amédée écrivit à son ambassadeur, à Madrid, pour inviter le roi d'Espagne à entrer dans des vues pacifiques. Le 30, Mazarin partit pour aller à Saint-Jean de Maurienne, où Richelieu se trouvait afin de lui proposer l'armistice de Spinola. Il y arriva le 2 août. C'était la sixième fois qu'il venait conférer avec le redoutable cardinal. Il le trouva furieux, mécontent de tout, soupçonneux contre lui. Montmorency et d'Effiat, après leur succès de Veillane, ne s'entendaient plus sur la marche des opérations de guerre. Il y avait des tiraillements et des difficultés sans cesse renaissantes. Leur orgueil les poussait à l'insubordination contre Richelieu qui était constamment miné

par la maladie, menacé de disgrâce par les intrigues
de ses ennemis auprès du roi. Henri de Montmorency
voulait être connétable de France, et Richelieu, par
des raisons politiques, refusait de rétablir cette haute
fonction qu'il venait de supprimer. Le marquis d'Effiat,
plus studieux, plus sérieux, plus instruit, plus calme,
grand maître de l'artillerie, surintendant des finances, était l'homme préféré par Richelieu ; mais il
n'était pas de grande maison, comme Montmorency,
dont plusieurs ancêtres avaient porté l'épée de connétable. La peste ravageait l'armée, il fallait donc se
hâter. Après avoir pris Saluces, d'Effiat avait voulu
marcher au secours de Casal, attaquer Charles-
Emmanuel, malade sous Saviglian. Montmorency s'y
était opposé. D'Effiat proposa alors de marcher sur
Moncalieri. On hésita, malgré l'insistance du maréchal d'Auriac. On écrivit au roi pour lui demander ce
qu'il fallait faire et l'engager à expédier des renforts.
Le courrier ne trouva pas le roi, à Saint-Jean de Maurienne, mais il exposa à Richelieu que la peste ravageait tout le pays et que l'armée était réduite de
moitié, que les officiers supérieurs étaient presque
tous malades, que l'argent manquait et que le conseil
de guerre inclinait secrètement à la paix. Louis XIII.
très malade, s'était retiré, le 25 juillet, à Lyon. Le duc
de Guise, abandonnant son commandement de Provence, où sa présence était pourtant à ce moment si

utile, excitait le roi contre Richelieu. Louis XIII, n'ayant pas d'enfants, le parti catholique rêvait de placer Guise sur le trône de France, au décès du roi que l'on croyait perdu, et qui resta malade à Lyon jusqu'à la fin de septembre. Richelieu continuait à lutter au milieu de la peste, à Saint-Jean de Maurienne. Il se repentait d'avoir écouté les perpétuelles propositions du jeune diplomate romain qui, par ses retards, avait enrayé l'élan des troupes françaises. Bien qu'assuré d'un accueil glacial, Mazarin n'hésita pas à demander un entretien à Richelieu, voulant faire jusqu'au bout son devoir de pacificateur. Il pressentait du reste que la fin était proche, chacun des adversaires ayant de sérieuses difficultés par delà les monts. Il aborda le cardinal avec la plus tranquille assurance. Richelieu très violent s'emporta à sa vue, le menaça, l'appela traître, jeta son bonnet rouge à terre, renversa son siége.

Mazarin le laissa parler sans broncher, puis, prenant la parole avec une dignité et une fermeté bien rares chez un jeune homme, il exposa au cardinal ce qu'il avait fait, point par point, le laissant juge de sa conduite, s'en rapportant à sa haute intelligence et à ses connaissances élevées de l'art diplomatique ; l'avertissant du reste qu'il n'avait qu'un supérieur, le pape, et que les menaces du cardinal ne l'épouvantaient en aucune façon. Richelieu se calma et brusquement,

changeant de ton, il s'excusa auprès de Mazarin et
du cardinal Bagni, qui assistait à l'entrevue, et pria
même le jeune officier de continuer ses négociations.
Celui-ci n'avait du reste pas d'autre mission de la part
de la cour de Rome. Richelieu et Mazarin arrêtèrent
les bases de l'arrangement définitif. « La France ne
reculera pas, dit Richelieu, j'aurai dans quinze jours
vingt-cinq mille hommes de troupes fraîches. » —
« C'est possible, répondit Mazarin, mais d'ici là, Casal
aura capitulé ! » La suspension d'armes fut acceptée
par Richelieu, afin de permettre à Mazarin de faire
signer le traité de paix par les divers intéressés. Il
fallait obtenir la restitution du Mantouen et du Montferrat au duc de Nevers, et celle du Piémont au duc
de Savoie. Richelieu exigea un rapport écrit de
Mazarin sur toutes ses négociations, comme il l'avait
déjà fait quelques semaines auparavant, afin de pouvoir l'adresser à Lyon au roi et à Marie de Médicis.
Ce document de l'écriture indéchiffrable de Mazarin
existe encore aux archives des affaires étrangères. Il
s'y engageait avec une audace incroyable au nom de
Spinola et du duc de Savoie. Si la négociation arrivée
à ce point venait à échouer, Mazarin était perdu dans
l'esprit de Richelieu, auquel il désirait si vivement
plaire. Mais le jeune homme avait confiance dans la
puissance de la raison, du bon sens, et il se fiait à sa
souplesse, sa prudence, sa constance, son activité.

Donner la paix à l'Italie, satisfaire le pape et Richelieu, tels étaient ses vœux les plus ardents.

Le 4 août, Mazarin quitta Saint-Jean de Maurienne, il tenait entre ses mains le sort de l'Europe, il était parvenu à dompter Richelieu. Il avait devant lui quinze jours pour faire un traité entre les plus puissants monarques du siècle, et il l'entreprenait, pour ainsi dire, sans mandat officiel, et comme de son plein gré. Il franchit rapidement le mont Cenis, et pour aller plus vite s'engagea dans un chemin de traverse sans escorte, à cheval. Il passa en toute hâte, à Suse, à Carignan au milieu de campagnes désolées par la peste, par la famine, rencontrant sur sa route des cadavres sans sépulture, des villages où retentissaient les gémissements de l'agonie et de la faim. La peste qui décimait la population de ces régions ne l'atteignit pas, mais près de Veillane, les soldats allemands se jetèrent sur lui, le prenant pour un Français, et il faillit périr entre leurs mains. Il parvint à s'échapper. Près de Carignan un soldat français le fit prisonnier et voulut le tuer. Il rencontra enfin le duc de Savoie de l'autre côté du Pô, en face de Carignan que les Français venaient de prendre.

Le 6 août, Montmorency et d'Effiat avaient attaqué le duc de Savoie et Spinola; le pont de Carignan resta au pouvoir des Français. Mazarin se hâta de profiter de cette défaite pour obtenir ce qu'il désirait de Victor-Amédée, il lui offrit l'amitié de Richelieu et de Louis XIII, et la restitution de ses Etats. Le 7, il écrivit à Richelieu qu'il n'avait pu encore rencontrer Spinola et Collalto, mais que l'assentiment de Victor-Amédée était absolument certain. Le cardinal écrivit, le 10, à Mazarin, pour l'encourager dans son entreprise et il l'avisa qu'il chargeait son homme de confiance, d'Effiat, de se concerter avec lui pour en finir. C'est la première lettre de Richelieu, à Mazarin. Mais d'Effiat n'aimait pas Mazarin, il le considérait comme un intrigant; il se fiait beaucoup plus à son épée qu'à l'habileté du jeune diplomate. Il désirait continuer la guerre et marcher droit sur Casal, pour débloquer cette place qui n'avait plus que quelques jours de vivres; mais les ordres de Richelieu étaient formels, il fallait se concerter avec le jeune homme. Le 18 août, il écrivit à Richelieu du camp de Virle, que après longue conférence il revenait sur ses premières appréciations à l'égard du *sieur Mazarin,* et qu'il le croyait maintenant acquis à la cause française et pénétré de bonnes intentions. Mazarin dès en l'abordant lui avait fait lire la lettre de Richelieu, et d'Effiat ne pouvait plus, dès lors, douter de la confiance du cardinal à son égard.

Pendant ce temps, Victor-Amédée, sur les conseils de Mazarin, avait envoyé des courriers à Spinola et à

Collalto pour les inviter à une conférence et il avait, le 11 août, envoyé son ambassadeur exposer à l'empereur la situation qui lui était faite et demander l'autorisation de traiter avec les Français. L'empereur, ayant su que la diète réunie à Ratisbonne était opposée à la continuation de la guerre, céda. Collalto satisfait de la prise de Mantoue, et désirant que Casal ne tombât pas au pouvoir de Spinola, son ennemi personnel et son rival sur les champs de bataille, inclinait alors à la paix et il adhéra à une suspension d'armes. Mazarin n'avait plus que Spinola à convertir; il se rendit auprès de lui au camp, sous Casal, accompagné comme précédemment du commandeur Passer, premier ministre de Victor-Amédée. Spinola poussait le siége avec activité et fut surpris de l'arrivée des médiateurs de la paix qui le priaient de signer la suspension d'armes qu'il avait proposée lui-même quelques jours auparavant. Il éleva mille difficultés, chercha des faux-fuyants, déclara que Casal était à la veille de tomber en son pouvoir, et qu'il ne pouvait renoncer à cette gloire. Mazarin s'emporta comme il l'avait fait quelques semaines auparavant.

Spinola l'écouta sans répondre. Mazarin finit par lui dire qu'il ne s'agissait plus d'une suspension d'armes, que c'était la paix qu'il fallait signer. Spinola demanda alors le temps d'envoyer un courrier à Madrid. Mazarin n'y tint plus, il adressa à Spinola les reproches les plus amers. Passer de son côté déclara au vieux général espagnol qu'il le rendait responsable de la ruine de la maison de Savoie, et que Victor-Amédée saurait bien trouver des alliés moins ambitieux et plus désintéressés. Puis Mazarin se radoucissant parla à Spinola avec modération, lui rappela ses promesses, sa parole d'honneur, les instructions du roi d'Espagne qui avait fait connaître plusieurs fois déjà, qu'il s'en rapportait au duc de Savoie pour la paix comme pour la guerre, l'amitié du Saint-Siége pour l'Espagne. A bout d'arguments, Spinola déclara que le roi d'Espagne lui avait retiré récemment les pleins pouvoirs qu'il lui avait donnés au commencement de la guerre, et qu'il ne pouvait plus, dès lors, traiter seul.

Mazarin et Passer déclarèrent qu'ils ne croyaient pas cela. Spinola leur montra alors une lettre de Philippe IV, lui interdisant en effet de rien conclure. Cette lettre inattendue remontait à vingt jours. Mazarin fut attéré. Tout son échaffaudage s'écroulait ! Spinola l'avisa qu'il attendait l'autorisation de traiter, et qu'il pouvait toutefois faire, comme tout général en chef, une suspension d'armes. Mazarin revint alors au système d'une longue suspension d'armes, permettant d'avoir les réponses écrites définitives de tous les intéressés. Un mois entier paraissait nécessaire. Spinola accepta, mais à condition qu'on lui livrerait

Casal de suite. Il n'acceptait l'armistice qu'à cette condition. Mazarin ne pouvant rien obtenir de plus, après neuf jours d'efforts, le pria d'écrire, de sa main, un projet de suspension d'armes.

Il hésitait à proposer à Richelieu la reddition de Casal, qui se défendait encore avec héroïsme; mais comme il n'y avait pas moyen de faire autrement, il se résigna à s'en ouvrir au cardinal. Il revint, le 18 août, en Piémont, et écrivit immédiatement à Bagni, resté auprès de Richelieu pour lui expliquer ce qui se passait, les retards involontaires de Spinola et sa proposition de livrer Casal. Il exposait longuement à son chef tout ce qui pouvait arriver en cas de refus de la France. Si elle ne secourait pas de suite Casal, la place ne pouvait tenir que quelques jours, autant valait alors la livrer de suite, puisque cette concession plus désagréable que dangereuse assurait la paix.

Richelieu prit connaissance de la lettre de Mazarin, et le 25 août il lui écrivit que le roi consentirait à la remise de Casal, à Spinola, sous certaines conditions qu'il faisait connaître à d'Effiat, chargé de régler les choses avec Mazarin. Richelieu écrivit cette lettre de Lyon, où le roi l'avait mandé et où il était arrivé, le 22 août. Il avait trouvé là ses ennemis décidés à le perdre et maîtres de l'esprit du roi, affaibli par la peste. Schomberg fut chargé par Louis XIII, dès le

19 août, de pleins pouvoirs pour régler les affaires
d'Italie. Le 27 août, Schomberg s'empara de Veillane
que l'on avait à tort, jusqu'à ce moment, laissée de
côté. Richelieu avisa Mazarin qu'il devait se concerter
avec Schomberg. A la nouvelle de la prise de
Veillane, Spinola poussa le siége de Casal avec une
nouvelle activité; son ingénieur, Jean de Médicis, prétendait que dans quelques jours on pouvait donner
l'assaut, les travaux d'approche et d'investissement
étant terminés. Collalto était devenu indifférent à la
paix comme à la guerre ; son succès de Mantoue
suffisait à sa gloire, et d'autre part l'empereur ne lui
envoyait pas les pouvoirs nécessaires pour conclure la
paix, les négociations qui se poursuivaient à la diète
de Ratisbonne, prenant une importance capitale dans
les préoccupations des cours de l'Europe. Le duc de
Savoie, fort mécontent d'avoir perdu Veillane, ne
savait plus que devenir et ne savait à qui s'adresser
pour rentrer en possession de ses Etats. Mazarin, au
milieu de cette situation embarrassante, se mit à cor-
respondre avec toutes les parties intéressées. On a
retrouvé plus de vingt lettres de son écriture à Richelieu, à d'Effiat, à Schomberg, datées de la fin d'août et
des premiers jours de septembre. Une trève provisoire
fut décidée, mais elle expirait le 3 septembre. Enfin, la
veille, Mazarin arriva au camp français avec l'adhé-
sion signée par Collalto et par le duc de Savoie.

Schomberg et d'Effiat, qui avaient les pouvoirs suffisants, acceptèrent le 4 septembre à Rivalte un nouvel armistice, dont la durée fut fixée à quarante jours, afin de permettre de discuter les éléments d'un traité de paix. Les Espagnols entraient à Casal, mais ils devaient rendre la place si elle était secourue avant le premier novembre. Les Français conservaient pendant ce temps-là la garde de la citadelle, et les Espagnols devaient leur fournir les vivres nécessaires pendant toute la durée de l'armistice à un prix fixé à l'avance. Le traité d'armistice indique que c'est sur les instances du sieur Mazarin, ministre de Sa Sainteté, que la suspension d'armes est consentie.. Il fut bien établi qu'il n'avait trompé personne et qu'il avait servi tout le monde, chose bien difficile au milieu des complications inextricables, des intérêts contradictoires, des allers et venues sans fin, des mille péripéties dont on vient de lire le récit abrégé.

Mazarin se rendit, le 5 septembre, avec le neveu de Richelieu, le marquis Maillé de Brézé, auprès de Toiras, à Casal, pour l'aviser qu'il devait livrer la ville de Casal. Toiras déclara qu'il ne répondait pas à une pareille communication, qu'il défendrait la ville jusqu'à son dernier soupir; mais de Brézé ayant remarqué que la place ne pouvait plus tenir l'engagea à accepter l'armistice et à céder la place aux Espagnols. Un grand nombre de difficultés d'exécution se produisirent. Mazarin régla tout. Spinola très malade se fit remplacer par le marquis de Sainte-Croix, le chagrin le minait. Le 7 septembre, Mazarin le trouva mourant, se plaignant de l'injustice du roi d'Espagne, qu'il servait avec éclat depuis quarante ans, désolé de n'avoir pu prendre Casal, et jaloux de Collalto, le vainqueur de Mantoue. Mazarin le consola en lui annonçant que le roi de France lui cédait Casal. Spinola demanda à lire le traité pour bien s'assurer de la verité. Le marquis de Brézé lui exprima toute l'admiration que Richelieu et Louis XIII avaient pour lui. Spinola se trouva beaucoup mieux après cette visite, et il prodiguait à Mazarin toutes sortes de marques d'amitié. Il était comme ressuscité et les médecins qui l'avaient cru mort étaient très surpris de ce qu'ils voyaient. Mais le vieillard, affaibli par les guerres et par les chagrins, fut emmené moribond. Avant son départ, Mazarin et Toiras, le défenseur de Casal, vinrent rendre visite à Spinola; l'entrevue fut touchante. Transporté à Castel-Nuovo, il y mourut, le 25 septembre, à l'âge de cinquante-neuf ans.

Montmorency et d'Effiat rentrèrent à Lyon, où Louis XIII les félicita chaleureusement sur leur belle conduite. Schomberg et de La Force restèrent en Italie, et s'occupèrent de préparer activement la reprise des hostilités pour le cas où la paix ne serait pas conclue le 15 octobre. Ils étaient bien décidés à ne

rien négliger pour marcher hardiment à la victoire, et
à ne plus écouter les négociateurs d'armistice ou de
paix dont les allers et venues, les combinaisons, les
pourparlers avaient entravé la marche des armées
françaises depuis trois mois. Schomberg avisa Toiras
qu'il serait, vers le 20, sous les murs de Casal pour le
délivrer, et il lui envoya de fortes sommes d'argent; il
rétablit la discipline dans l'armée, combattit la peste,
ranima les courages chancelants, rappela la gaîté
dans les camps français. Il exigea de la république de
Venise de nouveaux renforts, réclama des secours à
Richelieu qui lui envoya tout le nécessaire.

Mazarin, qui ne perdait pas un instant pour cou-
ronner son œuvre, était assez surpris de ne recevoir
de Rome aucune dignité, aucun avancement. Sa
réputation croissait en Europe, mais sa situation personnelle restait subalterne. Il apprit que la paix se
faisait à Ratisbonne et qu'on oubliait complètement
l'heureux négociateur des préliminaires. Mazarin
n'était pas prêtre et la cour de Rome ne savait trop
que faire pour lui. Peneirele, son supérieur immédiat,
qui était resté dans l'obscurité et dans l'inaction pendant les négociations de son subordonné, ne faisait
rien pour le signaler à l'attention de Barberini,
ministre du pape. Il l'aurait plutôt dénigré que
loué, dit-on, ainsi que cela se produit trop souvent en
pareil cas. Lorsque les inférieurs se montrent trop

actifs et trop intelligents, les supérieurs les accusent aisément d'être des brouillons, des intrigants, des ambitieux. Un chef n'aime guère voir un subordonné le dépasser par le zèle et la capacité. L'étroitesse d'esprit des supérieurs arrête trop souvent l'avancement des inférieurs. C'était le cas du jeune attaché d'ambassade romain. Urbain VIII lisait avec plaisir ses dépêches. Barberini lui adressait quelques éloges vagues, mais les récompenses palpables et sérieuses n'arrivèrent pas. Mazarin força ses supérieurs, sinon à le récompenser tout au moins à l'admirer. Sans s'occuper de la diète de Ratisbonne qui procédait avec une lenteur solennelle au règlement des nombreuses affaires et notamment à celles de l'Italie, et ne paraissait pas remarquer que l'armistice expirait le 15 octobre, et qu'il n'y avait pas de temps à perdre, Mazarin continua ses démarches avec une activité croissante.

A la fin de septembre, le bruit se répandit en Piémont que le père Joseph et M. de Léon, chargés par Richelieu de prendre part aux travaux de la diète, avaient consenti un traité interdisant à l'avenir à la France de s'occuper sous aucun prétexte des affaires d'Italie. Cette clause, qui a été le sujet de nombreuses dissertations historiques et de longues controverses, avait été acceptée par le père Joseph, par suite de considérations très importantes, n'ayant aucun rapport avec les événements du moment en Italie. Richelieu n'avait pas donné plein pouvoirs à ses délégués, il protestait contre cette clause, il en résultait des correspondances interminables, des explications, des complications de tout genre. On était fort surpris d'une pareille clause qui diminuait considérablement le prestige de la nation française, en lui enlevant le pouvoir d'aider ses alliés d'Italie, en cas d'attaque de l'Autriche. Mazarin, certain que Richelieu désapprouvait le père Joseph, et persuadé que le malentendu ne serait jamais ratifié par le chevaleresque Louis XIII, entreprit ouvertement de faire lui-même la paix en Italie, afin d'arriver, avant le 15 octobre, à la conclusion définitive de l'affaire. Il voulait devancer le congrès de Ratisbonne. Malgré les résistances des Espagnols et des Impériaux qui voulaient chasser la France de l'Italie, les armes à la main, malgré le trouble et les hésitations croissantes de Victor-Amédée, qui ne savait que faire en présence de la clause de Ratisbonne qui le livrait pour ainsi dire à la maison d'Autriche, alors que ses intérêts personnels et Mazarin le poussaient vers la France, Mazarin, le 29 septembre, se rendit auprès de Schomberg et lui déclara qu'il avait lu la clause acceptée à Ratisbonne par le père Joseph, et qu'il venait lui demander s'il s'y soumettait.

Schomberg lui répondit qu'il ne s'occupait pas de ce qu'on faisait à Ratisbonne, que Richelieu ne lui avait donné aucun ordre nouveau, et que le 16 octobre il attaquerait les troupes qui assiégeaient Casal, et les chasserait d'Italie. Que l'honneur de la France devait passer avant tout. Revenu auprès de Victor-Amédée, Mazarin l'avisa que ses Etats allaient devenir le théâtre d'une guerre épouvantable. Henriette de France intervint alors auprès du roi, qui venait de recouvrer la santé à Lyon, et auprès de Schomberg, lui demandant de prolonger l'armistice. Schomberg refusa. Victor-Amédée pria Mazarin d'insister de nouveau, et le 12 octobre le jeune diplomate retourna vers le maréchal, au camp de la Mante. Le 14, la veille de l'expiration de l'armistice, une conférence définitive eut lieu entre Mazarin et Schomberg. Victor-Amédée s'engageait à fournir à Schomberg, pendant l'armistice demandé, toutes les subsistances nécessaires. En cas de refus, Collalto, Sainte-Croix qui remplaçaient Spinola et Victor-Amédée, se précipiteraient à la fois sur l'armée de Schomberg. Mazarin ajoutait que la paix était faite en réalité à Ratisbonne, et qu'on ne pouvait continuer la guerre sans forfaiture, que quelques retards de courriers empêchaient les ordres de Richelieu d'arriver à Schomberg, depuis quelques jours, mais que ce n'était là qu'un accident dont le maréchal ne pouvait se prévaloir honorablement. Schomberg répondit que, perdre un jour en pareille circonstance, c'était pour un chef d'armée faire le jeu de l'ennemi,

et qu'il n'y consentirait jamais. Que son devoir était de
secourir Casal, et que tout délai pouvait être irrépa-
rable, que les bruits de paix produisaient dans son
armée le plus détestable effet, que ses gentilshommes
voulaient ou combattre immédiatement ou rentrer
dans leurs terres; que du reste sa marche sur Casal
prendrait bien quelques jours, et que dans cet intervalle on pouvait encore l'arrêter par des courriers
actifs et faire, sous Casal même, de nouvelles propositions. En présence de Mazarin, il donna tous les
ordres nécessaires à la reprise des hostilités pour le
16 octobre, et fixa aux divers corps cantonnés aux environs, rendez-vous pour le 15 octobre, dans la plaine
de Scarnafix, près de Saluces. Dès le lendemain, en
effet, il passa la revue de ses troupes, composées de
vingt mille fantassins et trois mille cavaliers. Toute la
noblesse du Dauphiné était là, pleine d'ardeur et d'enthousiasme. La Force, Marillac et Schomberg se par-
tagèrent le commandement des trois corps de l'armée.
Brézé, Feuquières, Arpajon, La Ferté, Plessis-Praslin,
Plessis-Besançon, Vignoles dirigeaient les compagnies
et les escadrons, d'Argencourt était le sergent de
bataille, c'est-à-dire l'inspecteur-général de l'armée.
Le 17 octobre, cette vaillante armée franchit le Pô, à
Raconis, et marcha sur Casal.

Mazarin, qui depuis plus d'un mois qu'avait duré
l'armistice, n'avait pu aboutir, était toutefois parvenu

à persuader à Victor-Amédée que son intérêt consistait à rester neutre, et même à faciliter les Français et à garder ses troupes pour la défense de ses Etats. D'autre part, Collalto avait enfin reçu des ordres de l'empereur Ferdinand, l'informant que la paix était faite à Ratisbonne. Le 20 octobre, Schomberg était arrivé avec son armée à Canale. Mazarin l'y rencontra et lui fit part des dispositions favorables de Victor-Amédée. Saint-Etienne, neveu du père Joseph, apporte à Schomberg le traité signé à Ratisbonne. Ce traité rendait à Victor-Amédée le Piémont et la Savoie; le Mantouen et le Montferrat à Charles de Nevers, mais ce traité contenait la clause humiliante pour la France de ne jamais secourir les ennemis de l'empire. Schomberg, sans ordres de Richelieu, malgré l'insistance de Marillac, refusa d'accepter le traité aussi longtemps qu'il ne lui aurait pas été notifié officiellement par Richelieu. Son patriotisme ardent lui faisait soupçonner quelque erreur, et il avait raison, car le 22 octobre Richelieu avait protesté contre le traité, et il écrivait aux généraux de l'armée d'Italie l'ordre de ne pas l'accepter. Mais cet ordre n'arriva que le 27 octobre.

On était alors au 21 octobre, et Mazarin tout en reconnaissant ce qu'il y avait de grave dans une décision du congrès de Ratisbonne, dont il avait lu les termes signés de la main des ambassadeurs de l'empereur et du roi de France, découvrit une clause qui lui permit de continuer ses négociations. Cette clause disait que toutes les conventions qui avaient pu être faites avant le 13 octobre, étaient bonnes et valables. Or, l'armistice datait du 4 septembre, et portait que Casal pouvait être restituée au duc de Mantoue, par les Espagnols qui l'occupaient provisoirement. Schomberg déclara qu'il accepterait le traité de Ratisbonne, si l'on restituait immédiatement Casal au duc de Mantoue ; puis il continua sa marche contre Sainte-Croix, sur Ravignan. Le 22 octobre, Mazarin revint auprès de Victor-Amédée, qui lui donna pleins pouvoirs, et le 23 auprès de Sainte-Croix, auquel il exposa les armements de la France et l'ardeur de son armée. Le traité de Ratisbonne liait l'empereur et le roi d'Espagne. Sainte-Croix ne pouvait continuer la guerre, et il n'avait aucune raison de continuer à occuper Casal ; il avait même le devoir d'en sortir.

Sainte-Croix, tout en réservant l'avis de Collalto, accepta tout ce que désirait Mazarin qui, le 25, se rendit à Verçelli, auprès de Collalto, franchissant les lignes des diverses armées, à cheval, rapidement, allant de l'un à l'autre au milieu de mille dangers. Ministre du pape, il passait partout sans crainte, cette situation particulière facilitait ses démarches. Il exposa à Collalto qu'il ne s'agissait pas de rendre Casal aux Français, mais simplement au duc de Man-

toue, l'honneur de l'armée impériale était donc sauve-
gardé. En outre un commissaire spécial, désigné par
Collalto, prendrait possession de la place, en attendant
l'investiture que l'empereur devait donner au duc de
Nevers, d'après le traité de Ratisbonne. Très désireux
de rentrer à Vienne, Collalto accepta en principe,
mais s'en référa aux volontés de Sainte-Croix. Le 26,
Mazarin revint vers Sainte-Croix et exagérant un peu
l'assentiment de Collalto, lui déclara que tout était
terminé et qu'il avait fait la paix; puis, à cheval, il se
précipita à la rencontre de Schomberg, dont l'armée
était rangée en bataille et prête à commencer le feu,
en vue de Casal. Mazarin exposa à Schomberg que
l'action militaire qu'il entreprenait là, était de la plus
haute difficulté, que la citadelle de Casal, restée française, ne pouvait atteindre à coups de canons le camp
espagnol, placé hors de portée, que ce camp était im-
prenable, étant entouré de bastions et de demi-lunes,
construites par l'ingénieur de Médicis, que des renforts envoyés, par Collalto, arrivaient sur le champ de
bataille, que les Vénitiens n'étaient pas capables d'aider
l'armée française inférieure en nombre, que la cavalerie allemande qu'il venait de traverser était formi-
dable, que, même après une victoire, le sort de
l'armée française serait le lendemain remis en question, que le duc de Savoie pouvait prendre activement
parti contre Schomberg, et lui couper toute retraite et

toute communication avec les renforts préparés en France. Puis il lui dit que Sainte-Croix et Collalto s'en rapportaient à l'envoyé du Saint-Siége, que la France ne pouvait refuser la paix à l'Italie, que Casal allait être rendue au duc de Mantoue, et que la citadelle restée entre les mains des Français, devait suivre le sort de la ville elle-même, et revenir à son légitime propriétaire, Charles de Nevers. Schomberg qui était encore ce jour-là, 26 octobre, sans ordres de Richelieu, qui avait lu le traité de Ratisbonne, voyant que le seul désir de la France, la libre possession de ses Etats par le duc de Mantoue, était un fait accompli; pressé par ses officiers supérieurs, déclara qu'il n'engagerait pas le combat ce jour-là, si Sainte-Croix lui proposait directement la cessation des hostilités. Mazarin courut auprès de Sainte-Croix, qu'il trouva fort inquiet du sort de la journée et qui accepta tout.

Mazarin revint en toute hâte dire à Schomberg, que Sainte-Croix lui proposait de ne pas combattre; les armées n'étaient plus qu'à deux cents pas l'une de l'autre. Toiras était sorti de la citadelle avec quatre cents hommes. Piccolomini était placé à la tête de la cavalerie allemande et allait engager le combat. Sainte-Croix se tenait debout, entouré de son état-major, en avant de ses fortifications, qui déjà lançaient les feux sur l'armée de Schomberg. Celle-ci avait mis le genou en terre pour faire la prière, suivant l'usage du temps. Il faisait un temps magnifique, le soleil éclairait ce spectacle grandiose, il était quatre heures après midi. Au milieu des boulets du camp espagnol, Mazarin à cheval s'élança, son chapeau dans une main, un crucifix dans l'autre, il criait : *La paix! la paix!* Il se précipitait vers Schomberg, en lui annonçant que Sainte-Croix acceptait tout. Mais comme le feu de l'artillerie espagnole continuait, nos soldats commençaient à marcher au canon, avec un sang-froid et une bravoure redoutables. Mazarin retourna vers les Espagnols et ordonna de cesser le feu ; puis il pria successivement les généraux d'avoir, à l'instant même, une conférence sur le champ de bataille. Ils y consentirent.

Mazarin rappela, devant tous ce qui était convenu, la remise de Casal, au duc de Mantoue, assisté par un commissaire impérial et l'évacuation immédiate du Montferrat. Pour éviter toute nouvelle difficulté, on n'écrivit rien, la rédaction eut évidemment suscité de nouveaux embarras. La nuit arrivait, chacun se retira, se fiant à la bonne foi des chefs ennemis. Mais Collalto manquait à la conférence. Mazarin, le lendemain, se rendit auprès de lui à Vercelli. Collalto accepta ce que Mazarin avait fait, et chargea Galas, son lieutenant, de tout terminer. Il considérait que c'était la réalisation du traité de Ratisbonne et, du reste, il était malade et rentrait à Vienne par la

Valteline. Il mourut quelques jours après, à Coire. Rentré devant Casal, le jour même, Mazarin rédigea un traité qui fut signé par tous les chefs d'armée, et qui relate les soins et l'intervention du jeune ministre du Saint-Siége. Le texte même de ce document existe aux archives des affaires étrangères.

Schomberg, Marillac et de La Force avisèrent Richelieu et le roi de ce qu'ils venaient de conclure. Quelques instants après le départ de leurs courriers, les lettres de Richelieu et de Louis XIII, en date du 22 octobre, arrivèrent. Elles annonçaient que le roi n'acceptait pas le traité de Ratisbonne, signé par le père Joseph et par M. de Léon, et elles ordonnaient aux généraux français de continuer leur marche en avant. Mais tout était terminé à l'avantage de la France, puisque Casal était restitué au duc de Mantoue sans coup férir. Les Espagnols voulaient briser le traité. Mazarin fut insulté par don Martin d'Aragon. Piccolomini s'interposa et obligea don Martin à faire des excuses au jeune ministre du pape, qui régla tous les détails de la réalisation de son traité.

A la nouvelle du succès de Mazarin, le pape fit frapper des médailles pour en perpétuer le souvenir. A la fin du mois de décembre, le Montferrat et l'Italie étaient libres. Un congrès fut réuni à Cherasco, dans les premiers jours de 1631, et Mazarin, qui accompagnait Pencirole, signa le traité officiel en qualité de ministre du pape.

Il se rendit ensuite auprès de Richelieu et de Louis XIII, qui étaient rentrés à Paris, afin de réaliser un traité entre Victor-Amédée et la France. Cette convention importante fut signée, à Turin, le 5 juillet 1632 ; elle donnait Pignerol à la France, et instituait le protectorat de Louis XIII sur les Etats du duc de Savoie. Rentré à Rome, à la fin de 1632, Mazarin obtint, sans être prêtre, deux canonicats à Sainte-Marie-Majeure et à Saint-Jean-de-Latran. Il avait trente ans. Il était connu de toute l'Europe, et possédait l'amitié des plus grands personnages de l'époque.

Toiras, le vaillant défenseur de Casal, étant venu à Rome, logea pendant plus d'un mois chez Mazarin. Les Espagnols le desservaient auprès du pape, à cause d'une ruse employée par lui pour conserver Pignerol à la France, pendant que les Espagnols évacuaient Casal et Mantoue. Il avait fait alors cacher la garnison française, qui n'était sortie de sa retraite qu'après le départ des commissaires espagnols, chargés de veiller à l'exécution de la convention.

Louis XIII et Richelieu obtinrent du pape, pour Mazarin, une charge de référendaire des deux signatures à la chancellerie, puis en 1634, sur la demande de Richelieu, il fut nommé vice-légat d'Avignon, situation alors fort enviée. Enfin, il obtint peu de temps après, d'aller à Paris en qualité de nonce extraordinaire du pape. Sa mission spéciale était d'intercéder auprès de Louis XIII, en faveur du duc de Lorraine, que Richelieu dépouillait peu à peu de ses Etats. Richelieu le logea dans son palais. A cette époque, la guerre fut rallumée entre la France et l'Espagne, par suite de l'enlèvement et de l'emprisonnement par les Espagnols de l'électeur de Trèves, protégé de la France. Cette guerre dura près de trente années. Mazarin voulait recommencer des démarches analogues à celles qui l'avaient fait connaître dans l'affaire du Montferrat; mais les Espagnols, qui le redoutaient et qui le considéraient comme leur ennemi, protestèrent et demandèrent au pape de le rappeler. Le pape le fit immédiatement rentrer à Avignon.

Très mécontent, Mazarin passa au service de la France; il se rendit au préalable à Rome, en 1636, et demanda de la part de Richelieu le chapeau de cardinal pour le père Joseph. Mais ce capucin mourut cette année même et la négociation fut abandonnée. Richelieu, que la mort du père Joseph privait de son meilleur ami, de son compagnon, de son agent le plus habile, pria Mazarin de venir prendre sa place, et fit demander pour le jeune officier le chapeau de cardinal, destiné au père Joseph. Le pape Urbain VIII fut vivement froissé de cette façon d'agir; il prit en haine le diplomate ami de la France. Mazarin se rendit à Paris auprès de Richelieu, qui l'installa dans son cabinet et n'eut plus dès lors de secrets pour lui. Ils travaillèrent ensemble aux affaires si complexes et si nombreuses de l'Etat. La guerre qui épuisait l'Europe devenait très lourde pour la France. Le roi de Danemark, Christian IV, intervint en médiateur, et un congrès fut rassemblé à Hambourg.

Louis XIII comptait envoyer Mazarin à ce congrès; mais au même moment de nouvelles difficultés survinrent en Savoie, et comme il connaissait très bien la situation de ce pays et les affaires de la Haute-Italie, ce fut là que le roi l'envoya comme ambassadeur extraordinaire, en 1640. Victor-Amédée était mort. Mazarin, resté l'ami de sa veuve, Chrestienne de France, qui avait la tutelle du jeune duc, son fils, s'intéressait vivement à sa situation. Ses beaux-frères, le cardinal Maurice et le prince Thomas prétendaient que la tutelle du jeune duc leur appartenait. Des troubles avaient eu lieu en Savoie. Mazarin fit signer un traité par la régente et par ses beaux-frères, afin d'éviter une guerre certaine, l'Espagne étant d'accord avec les beaux-frères, et la France soutenant Chrestienne. Rentré à Paris, de nouvelles démarches furent faites en sa faveur, auprès du pape, pour obtenir le chapeau de cardinal qui lui fut enfin accordé, le 16 décembre 1641, sans qu'il eut été ordonné diacre. Il reçut le bonnet de cardinal à l'église de Valence, en Dauphiné, des mains du roi, le 25 février 1642. Il suivit le roi au siége de Perpignan.

Richelieu très malade, entouré d'ennemis, menacé dans sa vie comme dans sa fonction, se faisait suppléer par Mazarin. On en a retrouvé la preuve par une lettre relative à l'emprisonnement du duc de Bouillon, qui conspirait alors avec De Thou et Cinq-Mars. Voici le texte même de cette lettre :

« Monseigneur, le cardinal de Richelieu n'étant pas en état de signer une promesse pour l'assurance de la liberté de M. le duc de Bouillon, suivant le pouvoir que le roi lui en a donné, m'ayant donné charge de le faire et de le signer au nom de Son Eminence, je promets au dit sieur duc de Bouillon, que tout aussitôt que la ville, château et citadelle de Sédan, seront entre les mains de Sa Majesté, on donnera à tous les ordres nécessaires pour faire sortir le dit sieur duc de Bouillon du château de Pierreneise, pour aller à Roussy, Turenne, ou autres de ses maisons, telles qu'il lui plaira.

» Fait à Lyon, le 15 septembre 1642.
» Le cardinal Mazarin. »

Il se rendit à Sédan pour en prendre possession. Il était alors devenu le confident de Louis XIII, comme de Richelieu, mais il se gardait bien de porter le moindre ombrage au terrible cardinal. Il l'aidait de

tous ses efforts à saisir les fils de l'intrigue de Cinq-
Mars et du duc d'Orléans.

Avant de mourir, Richelieu recommanda tout particulièrement à Louis XIII, d'accorder sa confiance à
Mazarin, et lui demanda de l'admettre dans ses
conseils.

II

MAZARIN ET LA FRONDE

Le 4 décembre 1642, Richelieu rendit le dernier
soupir. Il avait vivement insisté, auprès de Louis XIII,
pour que le pouvoir fut conservé au conseil des ministres que sa mort laissait en deuil. Il l'avait prié de ne
pas trop en modifier la composition. Chavigny, Desnoyers, le chancelier Séguier, de Bouthillier, père de
Chavigny, en faisaient partie. Le roi le lui avait
promis et il tint parole. Malgré l'agitation et les
tiraillements de tout genre qui se produisirent après
la mort du grand ministre, Louis XIII désirait conserver au pouvoir central l'élévation et le prestige dus
au ministère de Richelieu. Il adressa une circulaire
aux ambassadeurs, aux Parlements et aux intendants

des provinces pour leur notifier cette décision importante. Voici un passage de cette circulaire : « J'ai pris
la résolution de maintenir en mes conseils les mêmes
personnes qui m'ont servi pendant l'administration de
mon cousin, le cardinal de Richelieu, et d'y appeler
mon cousin, le cardinal Mazarin, qui m'a donné tant
de preuves de son affection, de sa fidélité et de sa
capacité dans diverses occasions de mon règne. »
Néanmoins, la situation changea, le duc d'Orléans
rentra à la cour, les exilés revinrent en France, les
prisonniers d'Etat furent mis en liberté. Une réaction
contre le système de Richelieu se produisit. Pour en
empêcher les funestes effets, le ministre Desnoyers,
qui était le représentant le plus autorisé de la politique du cardinal défunt, fut chargé de la direction
générale du gouvernement.

Le roi confia à Mazarin le ministère des affaires
étrangères, qui était absolument dans ses aptitudes.
Les pratiques délicates de la diplomatie, avaient fait
depuis longtemps l'objet de ses études. Il s'installa
sans bruit, avec modestie et paraissait désirer se
faire pardonner par les courtisans l'élévation de sa
charge. Il se produisit bientôt, comme il était facile de
le prévoir, une lutte entre Desnoyers et Mazarin.
Celui-là représentait les principes actifs, autoritaires,
centralisateurs, despotiques du grand cardinal, celui-
ci au contraire, la douceur, la liberté, la pondération,

les idées de la bourgeoisie et du Parlement. Les circonstances s'étaient modifiées ; la politique de Richelieu avait eu ses raisons d'être à son heure. Maintenant la rigueur, la dureté, la violence n'étaient plus nécessaires. Elles pouvaient même être préjudiciables au bien de l'Etat. A chacun son œuvre, selon les temps. Mazarin l'avait compris et toute son habileté consista précisément à appliquer à une époque différente une politique nouvelle. Il était le favori de la reine, comme Concini avait été celui de Marie de Médicis, et son autorité était déjà absolue.

Le roi ne survécut pas longtemps à son ministre. Richelieu était mort le 4 décembre 1642, et au mois de mars suivant Louis XIII fut hors d'état de s'occuper d'affaires. Son médecin, Bouvart, l'avertit, et depuis lors il se prépara courageusement à la mort. La question de la régence s'imposait à tous les esprits et, dans des conversations préparatoires, Mazarin s'efforça de faire prévaloir son système contre l'avis de Desnoyers. Les membres du conseil opinèrent en sa faveur. Desnoyers se retira. Les idées de modération, d'apaisement prenaient la place des idées d'autorité.

Le père Sirmond, confesseur du roi, était une créature de Richelieu. Il partageait ses doctrines gouvernementales. Mazarin mit à sa place le père Dinet, tout dévoué aux doctrines nouvelles. Il exhorta le roi à exprimer son repentir sur son attitude et sur sa conduite vis-à-vis de Marie de Médicis, décédée à Cologne, dans un état d'abandon et de misère peu compatibles avec la considération et le respect dus à la mère d'un roi de France, à la veuve de Henri le Grand, à la régente qui avait guidé les premiers pas du monarque, son fils. Le roi n'hésita pas à le faire. C'était reconnaître implicitement les torts de Richelieu. Louis XIII dicta à Mazarin ses intentions, qui furent publiées. Il institua un conseil de régence auprès de la reine infante, Anne d'Autriche, qui avait depuis quelque temps appelé auprès d'elle un conseil intime, le nonce du pape, Vincent de Paul, déjà célèbre par ses bonnes œuvres et l'évêque de Beauvais. Le conseil de régence devait se composer du duc d'Orléans, qui prenait la lieutenance générale du royaume, du prince de Condé, de Mazarin, du chancelier Séguier, de Bouthillier et de Chavigny. La décision du roi fut lue en audience solennelle du Parlement, puis acceptée et signée par la reine et par le duc d'Orléans. Le 14 mai 1643, le roi mourut entre les bras de Vincent de Paul, à l'âge de quarante-deux ans, et de son règne, le trente-troisième. Un enfant de quatre ans lui succéda. Louis XIV, vêtu d'une robe violette, fut conduit, le 18 mai, au Parlement par son grand chambellan, M. le duc de Chevreuse et par M. le comte de Charost, capitaine de ses gardes. Anne d'Autriche l'accompagnait : « Messieurs, dit l'enfant, je suis venu pour témoigner au Parlement ma bonne volonté ; M. le chancelier dira le reste. » Cette démarche de la cour était un acte de déférence vis-à-vis du Parlement, dont plusieurs membres furent rappelés de l'exil. Mazarin, qui était devenu l'homme de confiance de la régente, fit tous ses efforts pour faire oublier le passé. Il accueillait avec une bienveillance marquée tous les anciens ennemis de Richelieu, tous les seigneurs qui s'étaient révoltés contre le terrible cardinal. Toutefois, comme il désirait montrer son autorité et imposer un respect que la noblesse était assez portée à lui refuser, il fit enfermer à la Bastille le duc de Beaufort qui, revenu de l'exil, recommençait encore ses manœuvres occultes contre la royauté, mais il en avisa immédiatement le Parlement avec lequel il tenait absolument à entretenir les meilleures relations. Mazarin donna le ministère de la guerre à Le Tellier, celui des finances à d'Emery.

La guerre avec l'Espagne, commencée par Richelieu depuis 1628, durait toujours. Les conférences et le traité de Ratisbonne ne l'avaient point terminée. Le duc d'Enghien, âgé de 21 ans, fils de Condé, membre du conseil de régence, gagna les batailles mémorables de Rocroi, de Lens et de Nordlingen, et s'empara de Thionville et de Dunkerque. Turenne, créé maréchal de France, combattait en Allemagne. Mazarin désirait faire la paix, la guerre ruinait la nation, les alternatives de revers et de succès ne pouvaient faire espérer que des résultats insignifiants : les alliés se décourageaient d'une lutte pénible, sans fin et sans issue. L'Espagne désirait traiter séparément et faisait des promesses alléchantes aux alliés. Mazarin voulait traiter pour leur compte. Le pape intervint et un congrès se réunit à Munster, le 10 juillet 1643. Mazarin y envoya trois diplomates, MM. de Chavigny, d'Avaux et le comte de Longueville, et leur donna mission de ne pas laisser les alliés traiter à part, en dehors de la France.

Resté à Paris, il empêcha Anne d'Autriche de s'occuper des négociations en la persuadant qu'étant Espagnole, sœur du roi Philippe IV, tout ce qu'elle dirait, tout ce qu'elle ferait serait considéré, par le peuple de Paris, à tort ou à raison, comme favorable à l'Espagne. Mazarin s'efforçait de retenir la Hollande dans l'alliance française. L'Espagne avait, de son côté, fait intervenir l'Angleterre, comme puissance médiatrice, entre elle et les Hollandais et tâchait de les séparer. L'ambassadeur anglais s'était rendu à La Haye, et travaillait à amener la Hollande à traiter directement avec l'Espagne. Les séances du congrès de Munster duraient depuis cinq ans, elles se prolongèrent jusqu'en 1648, époque où fut signé le fameux traité de Westphalie, qui mettait fin à la guerre de Trente-Ans, et donnait à la France les trois évêchés de

Metz, Toul et Verdun, l'Alsace, et quelques places allemandes.

Pendant ce temps une révolution éclata en Angleterre. Charles Ier fut emprisonné, puis condamné à mort par le Parlement anglais, et exécuté plus tard, en 1649. Sa femme, Henriette de France s'était réfugiée au Louvre. Ces événements eurent en France un grand retentissement. Le Parlement releva la tête. A Naples, une révolution chassa les Espagnols, Mas-Anielo, un pêcheur, fut proclamé dictateur et un gouvernement démocratique fut organisé. Le peuple de Paris était très agité par les nouvelles de ces brusques changements politiques. Les gens de métiers avaient des chefs puissants. Le cordonnier Picard était l'idole de la place Maubert, des halles, du quartier Sainte-Geneviève ; le boucher Tribert avait dans le quartier Saint-Germain, une popularité de tribun.

Les curés des paroisses détestaient le cardinal Mazarin. Ils faisaient alliance avec le menu-peuple. Leur chef, le coadjuteur de l'archevêque de Paris, de Gondi, cardinal de Retz, avait sur le peuple une autorité et une puissance qui pouvait lutter avec celle de Mazarin. L'esprit frondeur, naturel à la population parisienne, était alimenté par mille circonstances. La liberté laissée aux Parisiens, par Mazarin, dégénérait en licence. Il y avait eu, après la mort de Richelieu, une détente générale de tous les ressorts du système gouvernemental. Les effets en étaient partout devenus sensibles. Des pamphlets circulaient contre l'Italien Mazarin et le déconsidéraient. Il fallait payer les frais de la guerre qui durait depuis 30 ans. De nouveaux impôts vinrent s'ajouter aux anciens, déjà très lourds. De nouveaux offices furent institués et vendus. Ils entravaient le commerce. Il y eut des conseillers du roi, *crieurs de vin, des contrôleurs de fagots;* un impôt fut mis sur toutes les denrées qui entraient dans Paris. A bout de ressources, le Trésor public cessa de payer les appointements des membres de la cour des aides, de la cour des comptes, du conseil d'Etat. Ces trois grandes cours de justice se liguèrent, protestèrent et rendirent un arrêt solennel, blâmant le gouvernement. Pour apaiser le mécontentement général, Mazarin fut obligé de sacrifier son ami d'Emery, surintendant des finances, auquel le peuple reprochait, bien à tort, la crise et la gêne qui se produisait.

La régente, sur les conseils de Mazarin, ordonna d'arrêter les principaux meneurs du parti des mécontents, notamment Blanc-Mesnil, Charton et Broussel, conseillers au Parlement. Le jour même, 26 août 1648, le peuple de Paris se souleva. On criait dans les rues qu'il fallait tuer Mazarin, comme on avait, autrefois, tué Concini, le favori de Marie de Médicis. Les prévôts et échevins de Paris, se réunirent à l'Hôtel-de-Ville pour prendre d'urgence les mesures nécessaires à la sécurité des habitants. L'émeute gagnait de proche en proche. Les archers du guet étant trop peu nombreux pour maintenir un soulèvement de cette importance, les magistrats de la municipalité envoyèrent demander au roi d'employer ses troupes à apaiser cette émotion populaire. Le cri : *Aux armes!* retentissait de toutes parts. Le maréchal de la Meilleraye, qui commandait les troupes royales de la garnison de Paris, était détesté par le peuple.

Les grands seigneurs jaloux, de l'influence de Mazarin sur la régente, poussaient le peuple. Le maréchal de Comminges, qui avait été chargé de procéder à l'arrestation du conseiller de Broussel, eut son carrosse brisé et jeté à la Seine. On lui lança des pierres de toutes les fenêtres du quai des Orfèvres et de la rue Neuve-Saint-Louis. Il ordonna aux Suisses qui l'accompagnaient de décharger leurs carabines sur les fenêtres. Broussel, conduit à Saint-Germain, reçut la visite de Henriette d'Angleterre, belle-sœur de la reine. Elle lui dit : « Voici comment l'émeute a commencé en Angleterre et depuis, hélas ! vous savez ce qu'elle est devenue ! » Broussel eut un sourire d'espérance ! Dans la nuit du 26 au 27 août, *douze cents barricades* furent élevées, dans les rues, par le peuple de Paris. C'étaient, en général, des tas de tonneaux remplis de terre, maintenus par des chaînes et superposés de manière à cacher les émeutiers armés qui les défendaient, et empêchaient ainsi complètement la circulation des troupes et de l'artillerie. A l'abri de ces barricades, les insurgés tiraient aisément et sans danger des coups d'arquebuse et de mousquet, sur les régiments qui les attaquaient.

Le peuple de Paris était très malheureux, la misère était générale. On espérait y remédier en faisant une révolution, mais la bourgeoisie ne voyait pas sans inquiétude cette foule de gens de métiers prenant possession de tous les carrefours, ces bandes de pillards affamés qui entraient dans les maisons, dans les boutiques et faisaient main-basse sur les denrées. Elle aurait désiré ne pas pousser les choses à l'extrême, mais il était trop tard, le peuple de Paris était en armes dans les rues et sur les places. Le cardinal de Retz, le président du Parlement, Mathieu Molé, chefs occultes de l'insurrection laissaient faire. Le cardinal de Retz se rendit au Palais-Royal, et demanda à Anne d'Autriche la mise en liberté de Broussel; il exposa à la régente les dangers de l'émeute qui grondait dans la rue. Elle lui rit au nez : « Vous n'êtes pas guerrier, M. le coadjuteur, dit-elle. Vous tremblez pour peu de chose. Croyez-moi, allez donc vous reposer. »

La journée du 27 août 1648 s'annonçait mal pour la royauté. Les gardes suisses étaient détestés. Ils ne parlaient pas le français, ils brutalisaient les Parisiens, ils se grisaient tout le jour dans les tavernes. Les gardes françaises étaient très aimés, très aimables, bons enfants, joueurs, mauvais sujets. Ils déclarèrent qu'ils ne tireraient pas sur la population de Paris, où se trouvaient leurs parents et leurs amis. La garde bourgeoise de la ville n'était pas plus sûre. Elle ne relevait que de MM. les prévôts et échevins. Elle avait toujours considéré que sa mission était plutôt de prévenir les troubles que de les comprimer. Les négociants, les bourgeois et commerçants importants et riches dont elle se composait, n'étaient pas disposés à exposer leur vie pour prendre d'assaut des barricades contre les ouvriers de leurs manufactures, les commis de leurs boutiques. Ils n'aimaient pas Mazarin. Ils auraient désiré le renverser, mais en même temps ils désiraient échapper à l'influence et à l'action du peuple de Paris.

A six heures du matin, le chancelier se dirigeait en carrosse vers le palais, accompagné de sa fille, Mme de Sully, et de son frère, l'évêque de Meaux. Ne pouvant passer par le quai des Orfèvres, il se dirigea vers le quai des Augustins. Poursuivi par la foule, hué, menacé, il se réfugia en toute hâte dans l'hôtel de Luynes, où les émeutiers le poursuivirent. Il parvint à s'y cacher. Le baron de Veillat et M. de Roquetaillade, à la tête d'un régiment de gardes, parvinrent à reprendre l'hôtel et à protéger le chancelier. Mais en le

voyant sortir la foule lui lança des pierres et pilla
l'hôtel de Luynes. Les gardes tirèrent sur les insurgés
et en tuèrent un grand nombre. Mais, devant l'hôtel
de Nevers, les suisses furent repoussés et plusieurs
de leurs officiers furent massacrés.

A la nouvelle de ces sanglants désordres, les membres du Parlement se rassemblèrent et se rendirent,
en corps, au Palais-Royal, où Anne d'Autriche,
Mazarin et le chancelier les reçurent. Ils demandèrent la mise en liberté de leur collègue de Broussel.
« Je n'en ferai rien, dit la reine, c'est à vous, messieurs,
de remédier au désordre dont vous êtes la cause ! »
M. de Mesmes lui fit remarquer qu'il était à craindre
que la violence n'obtienne ce que la reine refusait.
« C'est ce que nous verrons ! » répondit-elle. Mazarin,
voyant l'effet produit par le langage amer de la reine,
et redoutant quelque arrêt hostile du Parlement,
laissa partir la foule des conseillers, mais il retint le
premier président et M. de Mesmes. Une conférence
eut lieu entr'eux et il fut décidé qu'on rendrait la
liberté au conseiller de Broussel, mais qu'en échange
le Parlement s'engagerait à ne plus s'occuper des
affaires de la royauté. Il fut convenu qu'une délibération serait prise en ce sens, en assemblée générale, au
Palais-de-Justice. Il était une heure après-midi. La
foule refusa de laisser passer les membres du Parlement. Le premier président fit en vain observer que

la reine promettait la liberté de Broussel. La foule répondit que le Parlement ne retournerait au Palais-de-
Justice, que s'il y ramenait de Broussel et menaça de
mort le premier président. « Retourne de suite au
Palais-Royal, lui cria-t-on, et dis à la régente que si
dans deux heures elle n'a pas mis de Broussel en
liberté, cent mille gens de métier iront l'en requérir
d'une autre manière, et que son Mazarin passera un
mauvais quart d'heure. » Ils retournèrent auprès
d'Anne d'Autriche ; plusieurs conseillers effrayés se
réfugièrent dans leurs maisons. Le premier président
exposa à la reine les dangers que courait la royauté,
et déclara qu'il ne pouvait plus sortir du Palais-Royal,
tant que satisfaction n'aurait pas été accordée.
Louis XIV jouait dans la basse-cour : « Pendant que
cet enfant joue là-bas, dit M. de Mesmes, il perd sa
couronne! » Henriette d'Angleterre, arrivant à ce
moment, expliqua à la reine, sa nièce, que c'était
exactement ainsi que la Révolution d'Angleterre avait
commencé, et qu'il fallait remédier au mal tout de
suite en donnant satisfaction au peuple. L'on rassembla à la hâte les membres du Parlement, au Palais-
Royal, et ils prirent une délibération réclamant le
retour de leurs collègues emprisonnés. La reine
remit alors une lettre de cachet à M. Boucherat,
maître des requêtes et neveu de de Broussel. Il
monta dans un carrosse du roi et montrant à tous,

sur son passage, le document qui rendait la liberté à son oncle, il alla le délivrer. Mazarin, pour se rendre compte de la situation exacte de la ville, revêtit un habit gris, des bottes de campagne, une perruque et, suivi de deux domestiques déguisés, parcourut la cité sans être reconnu. Les troupes royales étaient parvenues à dégager les abords du Louvre, du Palais-Royal et s'étaient emparées de la Porte-Saint-Honoré.

Le lendemain, de Broussel rentra à Paris, à dix heures du matin, par la Porte-Saint-Denis. Ce fut une explosion de joie inexprimable. Il pleurait à chaudes larmes et avançait lentement dans la direction du Palais-de-Justice. Il serrait la main à tout le monde, embrassant les uns, s'efforçant de calmer les autres. On démolit les barricades pour permettre à son carrosse de passer. Sur sa proposition, le Parlement ordonna la destruction de toutes les barricades. Les insurgés n'obéirent pas. La bourgeoisie prit peur. Elle craignait les excès des gens de métiers qui campaient et bivouaquaient sur les places et ne voulaient pas retourner à leurs travaux. On racontait que Mazarin faisait venir des renforts de troupes sur Paris pour tout massacrer, pour exiler le Parlement. Des charrettes de munitions de guerre sortirent de l'arsenal et furent pillées par les émeutiers. Les barricades renversées furent reconstruites; les brigandages continuaient. Le prévôt et les échevins n'étaient plus obéis, ils allaient dans tous les quartiers, et ne rencontraient que menaces et désordres. Ils firent détruire quelques barricades. Ils se rendirent auprès de la reine qui leur donna l'assurance que les bruits répandus étaient inexacts. En rentrant à l'Hôtel-de-Ville, la foule les arrêta, leur reprochant de s'entendre avec la cour.

Le duc de Beaufort, fils naturel de Henri IV, était parvenu à ce moment à s'échapper du donjon de Vincennes, après mille dangers. Il était venu prendre la direction des insurgés parisiens, bravant ainsi ouvertement les ordres de la reine. Il devint l'idole des pauvres, des malheureux que les guerres avaient réduit à une misère cruelle. Ce descendant illégitime du Béarnais avait sur le peuple une influence considérable. Le calme se rétablit peu à peu, mais la haine des seigneurs et du peuple, contre Mazarin, rendait la situation de jour en jour plus intolérable. On conspirait ouvertement contre lui, et le Parlement était devenu le centre d'une véritable insurrection.

Le 6 janvier 1649, à trois heures du matin, le roi, sa mère, Mazarin et le prince de Condé, quittèrent Paris secrètement par la Porte-Saint-Honoré, et se rendirent au château de Saint-Germain. Rien n'était préparé pour les recevoir. Il fallut coucher sur la paille et couper des arbres dans la forêt pour faire du feu. A leur réveil, les Parisiens remarquèrent que le drapeau fleurdelisé ne flottait plus sur le Palais-Royal. Ce fut un cri dans toutes les rues : « Le roi est parti ! le roi est parti ! » A sept heures du matin, le prévôt des marchands envoya chercher les échevins. A huit heures, rassemblés à l'Hôtel-de-Ville, ils entendirent avec tristesse la lecture d'une lettre du roi qui leur annonçait son départ pour Saint-Germain, et qui accusait plusieurs membres du Parlement d'avoir organisé une conspiration redoutable contre la sûreté de sa personne. Deux autres lettres furent lues, elles étaient écrites par le duc d'Orléans et par le prince de Condé. Ils déclaraient à MM. de la ville de Paris, qu'ils restaient unis avec le roi pour la défense de ses prérogatives et de son autorité. Très surpris de ces communications singulières, MM. de la ville en avisèrent le Parlement, et lui demandèrent de s'unir à eux pour prévenir toute émeute. Les échevins n'avaient sur le peuple qu'une bien faible autorité. Seize quarteniers, élus par les seize quartiers de la ville, représentaient effectivement les volontés populaires, et ils étaient en désaccord avec l'Hôtel-de-Ville. Le Parlement seul possédait le droit de diriger la police de la ville et l'administration de la justice. Profitant du départ du roi, le Parlement se mit à légiférer ; il ordonna que la garde bourgeoise serait chargée de veiller à la sûreté de la ville, tant de jour que de nuit ; il prescrivit aux gouverneurs, maires, baillis, sénéchaux des villes, bourgs, ponts et passages à vingt lieues à la ronde de Paris, de laisser passer librement les vivres destinés à la ville. La reine rendit un arrêt ordonnant l'exil du Parlement à Montargis, et pour affamer les Parisiens, elle défendit aux marchands de bestiaux, venus à Poissy, de rien vendre aux bouchers de Paris. La noblesse et les personnes riches quittèrent Paris, et émigrèrent à Saint-Germain ou dans les châteaux de province, toutes les ambassades se rendirent à Saint-Germain.

Le 8 janvier, la cour des aides alla à Saint-Germain pour supplier le roi de rentrer dans sa bonne ville de Paris! La reine et le prince de Condé reçurent mal ces remontrances. Mazarin était d'avis de ne rien céder. Il trouvait fort étranges les réclamations des autorités parisiennes. Il considérait que le roi avait le droit d'établir le siége de son gouvernement où il lui plaisait, et que les Parisiens n'avaient rien à voir dans cette affaire. Il adressa un manifeste aux cours, aux intendants des provinces et aux cabinets des nations étrangères, le voici : « Il n'y a point de bon François à qui le cœur ne saigne de voir un si grand attentat sur l'autorité royale, et que quatre ou cinq factieux, pour leurs intérêts particuliers, aient pu, au milieu des prospérités de cet Etat, le porter sur le penchant de sa ruine, si Dieu, qui en a toujours pris une protection visible et qui aura soin de l'innocence du roi, ne détournoit un si grand malheur. Le prétexte que les factieux et les mécontents du Parlement prennent, est le même qu'on a pris dans toutes les révoltes, qui est d'attaquer le ministre. Mais il me semble, sans présomption, que tous les bons François connoîtront que la persécution est fort injuste : les services que j'ai rendus sont assez considérables et assez récens pour n'être pas désavoués par nos ennemis mêmes, et que ce n'ait été avec un tel désintéressement, que depuis six ans que j'occupe le poste de premier ministre, il ne se trouvera pas que j'aie rien pour moi ni pour mes parens. Avec tout cela, plût à Dieu que ma perte pût tant soit peu contribuer au service du roi et au bien et repos de l'Etat, car en ce cas je me la procurerois à moi-même avec plaisir ! Ce qui perce le cœur à Leurs Majestés, c'est de voir leurs armes employées contre des François, et la considération du profit que pourront tirer les ennemis de nos désordres, qui peuvent enfin (s'ils étaient de durée) mettre en compromis les avantages notables que nous avons remportés sur eux. »

Le 9 janvier, les officiers royaux auprès du Parlement de Paris se rendirent à Saint-Germain, le chancelier seul les reçut et se borna à leur remettre une nouvelle copie de l'édit qui transférait le Parlement à Montargis, puis il leur ordonna de retourner immédiatement à Paris, et leur annonça que dans quelques heures vingt-cinq mille hommes investiraient la place. Une explosion de colère se produisit dans la ville à cette nouvelle. Mazarin était l'objet de mille menaces et de mille outrages. Le Parlement se rassembla et, toutes chambres réunies, rendit un arrêt déclarant Mazarin ennemi du roi et de l'Etat, perturbateur du repos public, et lui ordonna de sortir du royaume et ce, dans le délai de huitaine, et faute par lui de ce faire, enjoignit à tous de courir sus, et défendit de le recevoir et éberger. Il ordonna en outre l'armement de tous les habitants de Paris. MM. de l'Hôtel-de-Ville envoyèrent des délégués à Saint-Germain; la reine les reçut et fut très impressionnée par les paroles adroites et émues de M. Fournier, premier échevin. Mazarin déclara que, si le Parlement se rendait à Montargis, le roi rentrerait à Paris. MM. de la ville, n'ayant aucune autorité sur le Parlement, ne purent prendre aucun engagement. Le Parlement, qui venait de prononcer l'exil de Mazarin, n'admettait pas que les échevins traitassent avec le ministre. Renonçant à l'alliance de la bourgeoisie, il s'unit avec les quarteniers et avec le peuple des faubourgs, et institua, pour remplacer l'administration municipale, une commission composée de MM. de Broussel, Menardeau, Payen et Lenain, conseillers, qui s'installèrent en maîtres à l'Hôtel-de-Ville.

Les parlementaires cherchaient à imiter point par point les agissements du Parlement anglais contre Charles I**. Les événements de Londres traçaient en quelque sorte la marche à suivre pour détrôner un roi. Les idées classiques de la République romaine hantaient les conseillers. Ils ne parlaient que de Caligula, c'était Mazarin, de Sénat, de triumvirats, de Brutus, etc. Ils croyaient le moment venu de renverser la royauté et d'instituer une république aristocratique dont ils auraient été les consuls, les proconsuls, les tribuns, les questeurs, les censeurs. Le duc d'Elbeuf, de la famille des Guise, le prince de Conti, le duc de Longueville, son beau-frère, rentrèrent à Paris et se mirent à la disposition du Parlement, eux et les membres nombreux de leur famille. Le prince de Conti fut proclamé, par le Parlement, général en chef de l'armée, et on lui adjoignit comme lieutenants MM. de Bouillon et de La Mothe; le duc d'Elbeuf fut promu au grade de lieutenant-général.

Un grand nombre de gentilshommes prêtèrent serment entre les mains du Parlement de Paris, de *servir loyalement le roi et l'Etat.* Pendant ce temps les troupes royales investissaient Paris, dont ces gentilshommes organisaient la défense, et où ils recrutaient vingt mille fantassins et dix mille cavaliers. Cette armée parisienne devait être payée au moyen d'un impôt volontaire. Le Parlement s'engagea à fournir un

million, les corps de métiers prirent des engagements
solidaires importants. La corporation des maquignons
donna mille chevaux. Les grands seigneurs, qui
adhérèrent au mouvement insurrectionnel, signèrent
un traité en règle avec le peuple de Paris. Ils s'enga-
geaient réciproquement à continuer la lutte jusqu'à ce
que le cardinal Mazarin eut quitté le royaume. Le
Parlement de Paris invita, le 18 janvier 1649, tous
les Parlements de France à unir leurs efforts aux
siens, et fit défense à tout capitaine ou soldat d'appro-
cher à moins de vingt lieues de Paris. Il imitait ainsi,
entièrement, les agissements du Parlement anglais.

Il séquestra tous les biens, meubles et immeubles de
Mazarin. Les échevins continuaient, malgré le Parlement, leurs conférences avec la reine en vue d'une
pacification. Les parlementaires les plus avancés
excitèrent le peuple contre l'Hôtel-de-Ville, qui courut
de graves dangers. Les boulangers de Gonesse, qui
avaient l'habitude de mener du pain à Paris tous les
jours, furent arrêtés par une compagnie de mousquetaires; Charenton fut occupé par l'armée royale. Les
parlementaires de Broussel et de Noyon étaient en
permanence à l'Hôtel-de-Ville, haranguant la foule et
l'excitant contre ses échevins. MM. de la ville
cédèrent à l'entraînement populaire dans l'espoir d'arriver à contenir le mouvement lorsqu'il en serait
temps et ne voulant pas d'autre part abandonner la

partie aux membres du Parlement. Les troupes royales se montrèrent au faubourg Saint-Antoine. Une compagnie y fut envoyée pour le défendre, et ordre fut donné de murer plusieurs portes et de réparer les brèches des murailles de la ville. Les échevins et le Parlement se réconcilièrent et s'unirent contre le roi. Mme de Longueville, la sœur de Condé, qui prenait une grande part à l'insurrection, vint habiter à l'Hôtel-de-Ville. Son mari fut nommé par le Parlement général en chef des armées du royaume au-delà de vingt lieues de Paris. Le prince de Conti commandait les troupes insurgées à l'intérieur de ce rayon.

Les troupes revenues de la guerre, après la paix de Munster, riaient de ces préparatifs des Parisiens, et la cour ne doutait pas d'avoir aisément raison des mutins. La reine déclara nuls et non avenus tous les arrêts pris par le Parlement de Paris, tout engagement et toute dette contractés par l'insurrection, elle déclara coupables de lèze-majesté et de rebellion tous les princes et seigneurs qui prenaient part aux mouvements parisiens. Cette agitation, que l'on a nommé la Fronde, était au fond assez superficielle ; les bourgeois n'avaient nulle envie de se battre, les pamphlets, les chansons, les bons mots couraient les rues ; on jouait aux soldats sur toutes les places, on passait de splendides revues, on bavardait beaucoup, on agissait peu. Les gens de métiers ne travaillaient plus, ils étaient nourris et payés comme soldats. C'étaient des amusements et des réunions joyeuses de tous les jours. Chacun protestait ouvertement de son dévouement au roi et de sa haine contre Mazarin, le favori de la reine, nouveau Concini, monopoleur, etc... De son côté, Mazarin avait installé une imprimerie à Saint-Germain. Il répandait de nombreux pamphlets contre le Parlement, il faisait distribuer des brochures, des journaux pour déconsidérer l'insurrection parlementaire et défendre les actes de la reine. Les milices bourgeoises tentaient quelques sorties sur la route de Saint-Germain et sur celle de Saint-Denis, mais à la vue des troupes royales elles se sauvaient à toutes jambes, et rentraient à Paris où elles faisaient bonne garde, derrière les murailles, et où elles bâtissaient des barricades. Des compagnies de gentilshommes, d'anciens soldats furent formées par les princes. Elles s'emparèrent de Corbeil. A la fin du mois de janvier la défense de Paris fut complète. L'armée royale se bornait à empêcher le passage des vivres, elle ne songeait pas à prendre la place de vive force. Quelques engagements avaient lieu avec les troupes des princes, la noblesse se faisait tuer bravement pour défendre la bourgeoisie de Paris, mais il n'y avait pas de batailles rangées et tout se bornait à des escarmouches. Les vivres devenaient rares aux Halles et dès le mois de février on commençait à s'inquiéter de cette pénurie : les juifs, les fripiers s'enrichissaient ; la misère devint extrême. Chacun vendait ses habits, ses bijoux, pour acheter du pain et payer les impôts fort élevés que nécessitaient les dépenses de la guerre civile.

Les parlementaires se promenant dans Paris, d'un air important, avec leur bonnet et leur robe longue provoquaient le rire. Ils devenaient despotes, l'on se moquait d'eux. On avait changé de maîtres, en était-on plus libre, plus riche? non ! A quoi bon tout ce bruit, tous ces arrêts, tous ces impôts, toutes ces allers et venues de troupes et de basochiens. Comment tout cela finirait-il? Telles étaient les questions qui préoccupaient les esprits de la bourgeoisie. Le commerce, l'industrie étaient arrêtés. Comment refaire un patrimoine laborieusement amassé, et que quelques semaines de chômage diminuaient rapidement, que quelques mois encore allaient absorber entièrement?

La disette, le découragement obligèrent Paris à tenter une réconciliation. Sur les instances des échevins, le Parlement envoya une députation à Saint-Germain. Les reine, après avoir sévèrement admonesté les délégués, consentit à entrer en pourparlers avec eux. Elle venait d'apprendre que le roi d'Espagne avait fait offrir des secours aux frondeurs. Mazarin craignait beaucoup, à ce moment, une invasion espagnole qui eut mis la France à deux doigts de sa perte. Les partis s'agitaient dans les provinces d'une manière extrêmement redoutable. Les Parlements adhéraient à la révolte de Paris. L'esprit provincial, l'hostilité à l'œuvre de Richelieu, le désir de secouer le joug centralisateur de la monarchie était partout. La noblesse des provinces rêvait de confédération, de fédéralisme, de libertés locales, d'unions d'Etats indépendants. Elle n'était plus rien depuis Richelieu, elle eut désiré redevenir quelque chose, tout au moins dans ses domaines, chez elle. Les intendants qui avaient remplacé les gouverneurs, les lieutenants, les officiers du roi avaient pris partout le pouvoir; ils administraient, ils rendaient la justice à la place de la noblesse, malgré elle et souvent contre elle. Le peuple écrasé d'impôts, appauvri par les dépenses énormes d'une guerre qui avait duré trente années, attribuait ses maux au système centralisateur de Richelieu, et la noblesse, le clergé, qui voyaient l'autorité, la perception des impôts passer entre les mains de la royauté, l'entretenaient dans ses idées. Les Provençaux, les Bretons, les Bourguignons ne se croyaient pas tenus d'obéir à un monarque de Paris. Ils avaient leur langue particulière, leurs coutumes anciennes et spéciales, leurs usages locaux, leurs assemblées provinciales. Cette grande idée de l'unité de la nationalité française n'était pas entrée dans leurs esprits. Ils ne la connaissaient pas, ils la trouvaient dangereuse et tyrannique. Tant que les rois les avaient défendus contre les nobles, ils avaient applaudi, mais la royauté devenant, à son tour, despotique, prenant pour elle le produit des impôts, enrôlant les enfants du peuple par force dans les armées, et les y gardant indéfiniment, il n'y avait plus de raison pour aimer le roi. Peut-être était-il encore préférable d'avoir un maître modéré auprès, qu'un despote exigeant au loin?

Le peuple d'Aix, en Provence, s'était révolté le 28 janvier, et conduit par quelques gentilshommes et quelques membres du Parlement, il avait massacré cinq cents soldats du roi. Les femmes avaient pris une part active à l'insurrection. Le Parlement de Rouen adhéra à la rébellion de celui de Paris. Ceux de Rennes, de Bordeaux, de Toulouse imitèrent cet exemple. La ville et le clergé de Poitiers agirent de même. Partout, la noblesse et les Parlements s'unissaient, se fédéraient contre Mazarin.

La cour et la ville de Paris avaient donc un désir commun de pacification. Les circonstances l'imposaient. Des conférences eurent lieu à Ruel, entre Paris et Saint-Germain, dans le château bâti et habité longtemps par Richelieu. Les chefs de la noblesse, qui étaient venus se mettre à la tête des troupes parisiennes, résistaient à toute transaction; mais les échevins et la partie modérée du Parlement voulaient absolument traiter avec la cour. Le prince de Conti, général en chef de la Fronde, n'admettait pas que l'on entrât en pourparlers, si Mazarin n'était pas exilé. Vers la fin du mois de mars, les conférences de Ruel aboutirent à une trève. Mazarin laissa entrer des vivres dans la ville qui était complètement affamée. Il redoutait les encouragements que l'Espagne prodiguait à la Fronde. On rétablit les choses en l'état où elles étaient avant le commencement des hostilités. Mazarin ne poussa rien à l'extrême. Tout était pardonné, mais rien n'était terminé, les chefs militaires n'étaient pas satisfaits d'un arrangement qui ne leur donnait ni indemnité ni grades. Ils n'osaient pas rentrer à la cour après une telle rébellion. Ils redoutaient les vengeances ou tout au moins l'indifférence froide du ministre et de la reine.

Ils quittèrent Paris et se retirèrent dans leurs châteaux, afin de continuer la lutte avec l'aide des mécontents des provinces. Paris avait été forcé de capituler, mais les campagnes pouvaient résister encore longtemps. De leur côté, les gens de métiers n'ayant rien obtenu étaient toujours en armes et ne paraissaient pas disposés à écouter les échevins. Leurs quarteniers, élus par eux dans chaque quartier, n'avaient eu aucune part aux négociations et n'attendaient que l'occasion d'ordonner de nouvelles barricades. Mazarin n'osa pas rentrer à Paris et la cour se rendit à Compiègne.

Louis XIV était alors âgé de dix ans, et il ne savait pas encore lire. Mazarin s'était, disait-on, alors, secrètement marié avec Anne d'Autriche. Il était l'objet de pamphlets grossiers, le sujet de gravures méprisantes. Paris le détestait, et il détestait Paris. Les Espagnols des Pays-Bas franchirent la frontière, il fallut veiller de ce côté-là, et la résidence de Compiègne était plus commode que celle de Paris pour donner l'impulsion aux opérations militaires qui se préparaient. En avril 1649, le prince de Condé, qui avait servi le roi avec tant de dévouement pendant ces événements, qui rentré vainqueur des Espagnols avait réduit Paris à capituler, désirait remplacer Mazarin, et il trouvait que la reine ne récompensait pas ses services. Son frère, le prince de Conti, avait pris parti pour Paris ; lui, il était resté fidèle à la couronne qui ne le payait que d'ingratitude. Il quitta brusquement Compiègne et arriva à Paris, où il fut acclamé. Mazarin, fort inquiet de ce départ, lui offrit le commandement des troupes contre les Espagnols. Condé refusa. La Fronde s'organisait dans les provinces ; il en devint le chef. D'un autre côté, le duc de Guise, devenu un moment le héros de l'insurrection napolitaine contre les Espagnols, s'était vendu bientôt au roi d'Espagne et lui avait promis de lui livrer la ville de Guise et les galères royales des côtes de la Provence, son ancien gouvernement. L'archiduc

Léopold menaçait Amiens. Le comte d'Harcourt, qui avait pris le commandement de l'armée royale, après le refus de Condé, battit l'archiduc à Valenciennes et reprit les villes de Condé et de Maubeuge, puis il entra dans les Pays-Bas. En Catalogne, les Espagnols éprouvèrent également des revers. Ces succès affermissant l'autorité de Mazarin, il décida que le moment était venu de ramener la cour à Paris.

La bourgeoisie et les corporations souffraient beaucoup de cette absence, le commerce n'allait pas et l'on comptait sur la rentrée du roi pour ramener les fêtes, les soirées, les réjouissances publiques. Le 19 avril 1649, les cent vingt corps de métiers de Paris avaient envoyé trois cents délégués à Compiègne pour supplier la reine de revenir dans sa bonne capitale. Au mois d'août 1650, après les succès des troupes royales, la cour, les mousquetaires, les gardes françaises rentrèrent à Paris. L'entrée du roi fut un triomphe. Toute la population, en habits de fête, se rendit à son avance sur la route de Saint-Denis. Il y eut des harangues des échevins, des cavalcades d'archers de la ville. Les rues étaient pavoisées, la Porte-Saint-Denis ornée magnifiquement. On tira des salves d'artillerie pendant toute la journée, des feux d'artifices pendant la nuit. On oubliait les vieilles rancunes, les erreurs passées étaient pardonnées. Mazarin n'était plus détesté. Un *Te Deum* solennel fut chanté à Notre-Dame.

La pacification était complète à Paris, mais l'insurrection commençait dans les provinces. M^mo de Longueville, fort mécontente du résultat des conférences de Ruel, le duc de Beaufort, le marquis de Noirmoutier, le prince de Condé, n'étaient point réconciliés avec Mazarin. Le ministre fit arrêter le duc de Longueville, Condé et Conti et les enferma à Vincennes, en janvier 1650. La Bourgogne était en armes. Le roi, sa mère et Mazarin se rendirent à Dijon, qui ouvrit ses portes à la première sommation. La Normandie s'était révoltée à la voix de la duchesse de Longueville; les troupes royales y commirent d'horribles brigandages. Après l'avoir domptée, la cour se rendit en Poitou, et de là en Guienne où les résistances étaient très vives. La Loire formait encore, malgré les efforts de Richelieu, une barrière entre deux nationalités ennemies, le Midi n'admettait pas la suprématie du Nord. Mazarin assiégea Bordeaux. Tous les partisans de la Fronde s'étaient réfugiés dans les places fortes gasconnes. Turenne était alors leur chef respecté.

Bordeaux capitula, ce qui ne laissa pas le temps à Philippe IV d'intervenir, comme il se préparait à le faire et comme Mazarin le redoutait. Pendant l'absence de la cour, les pamphlétaires recommencèrent leurs écrits à Paris. Scarron, un poète, l'époux de Mlle d'Aubigné qui devait, par la suite, devenir Mme de

Maintenon, se faisait remarquer par sa verve satirique contre Mazarin et contre ses courtisans. Mlle Anne-Marie-Louise de Montpensier, âgée de vingt-deux ans, fille du duc Gaston d'Orléans, était devenue l'idole des Halles et du Parlement. On la nommait la grande mademoiselle. Les parlementaires attirèrent à leur parti Gaston d'Orléans qui, sans cesse s'agitant, avait donné tant de tracas à Richelieu et à Louis XIII, son frère. Le président, Mathieu Molé, était son intime ami. Il se rendait tous les jours au Palais-de-Justice, et là l'on tenait des conférences, l'on se liguait de nouveau contre Mazarin, on voulait obtenir la délivrance des princes du sang royal enfermés à Vincennes et exiler le cardinal-ministre. Au mois d'avril 1650, la mère du prince de Condé présenta requête au Parlement pour être autorisée à agir dans l'intérêt des prisonniers. Mazarin fit intervenir le ministre Le Tellier auprès de Mathieu Molé. La cour était rentrée au Louvre. Mathieu Molé s'y présenta et demanda la liberté des princes avec aigreur. La reine ne répondit rien.

L'agitation fut très vive au Parlement. Mazarin craignant une émeute, qui aurait peut-être délivré les princes, les fit embarquer sur la Seine et diriger vers le Hâvre, où il les fit enfermer dans la tour crénelée du château. Une vive émotion s'empara de la capitale. Les bourgeois prirent les armes. On menaçait de pendre Mazarin. La cour était en quelque sorte prisonnière au Louvre. Le duc d'Orléans, Mme et M^{llr} de Chevreuse, le coadjuteur de l'archevêque de Paris, le Parlement, les échevins poussaient à la rébellion. Malgré la reine, Mazarin, qui servait l'Etat depuis vingt-deux années, prit la fuite le 6 février 1651, par un temps brumeux et se rendit à Senlis. Ce fut le lendemain une explosion de joie dans Paris. Le Parlement demanda à la reine la liberté des princes et une lettre de cachet contre Mazarin. La reine confia la garde des sceaux à Mathieu Molé, donna au premier président Séguier la charge de chancelier de France qu'il avait déjà occupée et mit les princes en liberté. Le Parlement rendit un arrêt déclarant Mazarin coupable de péculat, de trahison et le bannissant du royaume. Mathieu Molé dicta à Louis XIV une déclaration interdisant à Mazarin et à ses parents de rentrer en France. Le duc d'Orléans était l'instigateur de toutes ces mesures.

Toutes les familles italiennes, les Gondi, les Strozzi, les Emery, les Albertozzi furent proscrites, et le 29 mars l'Hôtel-de-Ville déclara que les portes, les murailles et remparts ne seraient plus gardés, la tranquillité étant rétablie. Les troupes royales occupèrent alors les postes militaires, abandonnés par les milices parisiennes. La majorité du roi fut proclamée avec une grande solennité, et la reine cessa d'exercer le pouvoir souverain, le 7 septembre 1651.

Pendant ce temps, Mazarin s'était dirigé vers le Hâvre où il avait délivré les prisonniers, le 13 février. Il s'était rendu à Cologne, mais Colbert, qui devait par la suite le remplacer dans les conseils de Louis XIV, fut l'agent intermédiaire entre Anne d'Autriche et son favori. Colbert recevait les instructions et la correspondance politique de Mazarin, et la communiquait à ses collègues restés auprès du trône, et particulièrement à Le Tellier et à Lionne. L'on ne sut pas alors comment Mazarin continuait ses relations avec la cour. Le Parlement essaya de le découvrir, mais Colbert gardait bien le secret, on ne put y parvenir. Le cardinal, qui disposait de sommes considérables, rassembla des troupes qui se mirent à piller les églises. Il lança un manifeste déclarant qu'il désirait rétablir l'ordre et tenir son armée à la disposition du roi. Le prince de Condé, délivré au Hâvre par Mazarin, était venu à Paris, mais le Parlement ne lui avait pas accordé les faveurs qu'il demandait. La reine lui avait fait très mauvais accueil. Il se concerta avec le roi d'Espagne pour obtenir des secours du côté de la Flandre. Craignant d'être de nouveau arrêté, il quitta Paris pendant la nuit et se rendit à Meudon; mais détrompé sur les intentions de la cour à son égard, il rentra le lendemain à Paris. Puis il s'unit au duc d'Orléans et rassembla des troupes contre Mazarin, qui s'avançait à marches forcées par Metz,

Troyes, Auxerre, sur Poitiers, Angoulême, afin de réprimer les révoltes nouvelles des frondeurs de la Guyenne, où le roi d'Espagne comptait trouver encore des éléments de trouble. Louis XIV et sa mère allèrent rejoindre Mazarin à La Charité-sur-Loire, et l'on se concerta sur les mesures à prendre pour pacifier le royaume.

L'organisation de la Fronde se développa. Condé commandait des troupes en Guyenne. Le duc de Nemours, à la tête de la noblesse de Flandre et de Normandie, s'était porté entre Fontainebleau et La Charité, pour couper les communications du roi avec la capitale. Les deux points de concentration des troupes de la Fronde étaient Paris et Bordeaux. Condé quittant précipitamment l'armée de Guyenne se porta vers Lorris, dans l'Orléanais, où se trouvaient les troupes de Nemours. A Paris, le coadjuteur de Retz dominait, et Condé voulait lui enlever l'autorité et s'en emparer en l'absence du roi. Ses partisans lui avaient représenté l'importance qu'ils attachaient à tenir Paris d'abord, sauf à marcher ensuite sur Bordeaux. Turenne qui commandait une partie des troupes du roi se dirigea vers l'armée de Nemours, afin de montrer aux Parisiens que le roi n'abandonnerait pas Paris aussi aisément que Condé se l'imaginait. Le duc d'Orléans et le Parlement hésitaient à se prononcer ouvertement contre la royauté ; le peuple de Paris, en haine de Mazarin, n'hésita pas. La tête du cardinal fut mise à prix, les curés des paroisses prêchaient la guerre sainte contre lui; les Parlements de Toulouse, d'Aix, de Metz demandèrent au roi son exil. Rentré à Paris, le prince de Condé fut accueilli avec enthousiasme. Des troupes du roi, campées à Saint-Germain, essayèrent d'enlever le pont de Saint-Cloud, gardé par un régiment de Condé, auquel vinrent se joindre des gens de métier. Les troupes royales tirèrent quelques coups de canon, puis elles se retirèrent, considérant le passage de la Seine comme impossible. Gaston d'Orléans, le Parlement et l'Hôtel-de-Ville hésitaient toujours à se prononcer ouvertement. Mademoiselle de Montpensier, fille du duc d'Orléans, n'imitant pas la réserve de son père, assiégea Orléans, place importante pour arrêter la marche de l'armée royale de Guyenne sur Paris. Elle avait pour lieutenants les comtesses de Fiesque et de Frontenac, casque en tête, et l'épée au poing. Pendant que la grande mademoiselle demandait à entrer à Orléans, par la porte du faubourg Bannier, au nord, du côté de Paris, le garde des sceaux, envoyé par Mazarin, réclamait des Orléanais l'entrée des troupes royales par le pont du côté d'Olivet, au sud. L'Hôtel-de-Ville d'Orléans délibérait. Comme il faisait attendre longtemps sa réponse, Mlle de Montpensier se dirigea du côté du quai de la Loire, vers le boulevard actuel des Princes, et ses partisans orléanais dégageant une porte que l'on venait de murer, la hissèrent par une échelle et la portèrent en triomphe à l'Hôtel-de-Ville qui adhéra à la Fronde. Mlle de Montpensier demanda alors la main du roi de France, et le menaça de le renverser du trône s'il ne l'épousait pas! La reine-mère repoussa ces extravagantes propositions.

A Paris, le bruit se répandit que le roi avait formé le projet de réunir à Tours les Etats-Généraux des trois ordres de la nation. Le Parlement et l'Hôtel-de-Ville, convoquèrent alors une assemblée nombreuse, composée des cours souveraines, de vingt bourgeois de chaque quartier, de toutes les chambres du Parlement, de l'archevêque de Paris, des chanoines, religieux, abbés, prieurs de la ville, du duc d'Orléans, prince de Condé, duc de Beaufort, duc de Sully. Ce furent les Etats de Paris. Le duc d'Orléans parla le premier et exposa qu'il prenait les armes pour arriver à l'exil de Mazarin. Condé adhéra à cette motion et déclara qu'il obéirait aux ordres du duc d'Orléans. Le roi, parvenu à Gien, avait fait défense de réunir, à Paris, aucune assemblée sans son ordre. Sa lettre n'arriva qu'après la séance. Il avisait le prévôt des marchands qu'il rentrait dans sa bonne ville. L'assemblée des Etats de Paris délégua dix députés pour aller prier le roi de rentrer au plutôt à Paris, en lui demandant le renvoi de Mazarin. Le roi les avisa qu'il serait à Paris dans quelques jours. Le peuple désapprouvait les lenteurs des échevins, et il les huait sur leur passage, les accusant de trahison, les appelant *Mazarin! Mazarin!* ce qui, au dire des chroniques de l'époque, était la plus grande injure que l'on pût faire. On leur jeta des pierres dans la rue de Tournon, et ils furent obligés de se cacher et de se déguiser pour échapper aux fureurs de la foule. Le Parlement qui faisait cause commune avec le peuple ne poursuivit pas. Le désordre était arrivé à son comble. Mathieu Molé, estimant qu'il fallait rétablir l'autorité royale pour faire cesser les troubles, essaya de pacifier les esprits; il n'y réussit pas. Le peuple de Paris était maître de la ville, malgré les ordres des échevins et maltraitait leurs archers. Le Parlement essaya enfin de rétablir l'ordre; il ne put y parvenir. La foule délivra les prisonniers de la Conciergerie, où l'on enfermait indistinctement les larrons, mutins, mendiants et gens sans aveu. Ces prisonniers assaillirent le Palais-de-Justice, d'où les membres du Parlement furent obligés de s'enfuir par des portes secrètes. Le prince de Condé s'empara de Saint-Denis et en chassa les Suisses de l'armée royale. Turenne reprit Saint-Denis le lendemain. L'Hôtel-de-Ville ordonna aux milices bourgeoises de résister aux attaques des séditieux qui troublaient la ville; mais comme c'était là un grand danger et une occupation peu lucrative, la bourgeoisie se détacha de la Fronde et se rapprocha du roi. Les gens de métiers restaient unis avec la noblesse. Condé commandait l'armée de la Fronde, Turenne celle du roi. Au mois de juin 1652, Condé manœuvrait contre Turenne aux environs de Saint-Cloud. Une vive agitation régnait dans Paris! L'Hôtel-de-Ville donnait en vain des ordres aux colonels des milices bourgeoises de disperser les mutins; ils n'y parvenaient pas. Le Parlement, désirant rassurer la bourgeoisie, s'unissait aux efforts des échevins et poursuivait activement les perturbateurs. Les abords du Luxembourg et de la Place-Royale étaient chaque jour le théâtre de scènes violentes de désordre; quelques compagnies des milices bourgeoises faisaient défection. La fête de la Saint-Jean, célébrée d'ordinaire avec éclat au milieu des transports d'allégresse du peuple, s'écoula tristement cette année-là. Il n'y eut ni danses, ni pétards, ni banquets, ni collations, ni solennités d'aucune sorte. Le greffier de la ville ayant allumé le feu, selon l'usage, fut menacé d'être précipité dans les flammes. « A bas la grande robe! au feu les Mazarin! » criait-on de toutes parts. Condé se dirigea vers Charenton, trouvant ce côté là de Paris plus favorable à ses opérations.

Le 2 juillet 1652, il traversa la Seine, franchit le bois de Boulogne et se dirigea vers le nord de Paris. Turenne rencontra l'arrière-garde au faubourg Saint-

Denis. Une charge du duc de Nouailles décima la cavalerie de Condé, commandée par le prince de Conti, son frère. L'armée de la Fronde, divisée en deux corps, se rangea sous les murs de Paris. Le roi et Mazarin, à cheval, occupaient les hauteurs de Charonne. Turenne descendit de La Villette avec ses troupes, et se plaça entre Charenton et le faubourg Saint-Antoine. Trois régiments de Condé plièrent. D'un autre côté les troupes royales, commandées par le ministre de Saint-Mégrin, furent repoussées ; mais le duc de Beaufort fut obligé de quitter ses positions. Condé, qui dans cette journée montra un courage extraordinaire, vint à son secours. Le roi envoya aux échevins l'ordre de fermer les portes et d'empêcher Condé d'entrer dans Paris. Le peuple de Paris entendait au contraire secourir les frondeurs, et il se rassembla sur la place de Grève pour demander des armes. Mademoiselle de Montpensier arriva à l'Hôtel-de-Ville, portant une lettre du duc d'Orléans, son père, priant MM. de la ville d'envoyer deux mille hommes au secours de Condé. Les échevins y consentirent pour éviter une effroyable mêlée, et la prise d'assaut de l'Hôtel-de-Ville par la foule. Mademoiselle se rendit à la Bastille, qui était occupée par Broussel, fils du conseiller au Parlement. Broussel refusant de tirer le canon, Mademoiselle ordonna de le tirer sur les troupes du roi, qui furent forcées d'aller s'établir à

Ivry. Mademoiselle, rentrée dans la ville, parcourait les rues en menaçant de mort les partisans de Mazarin. Elle arbora à son chapeau, en signe de ralliement, un gros bouquet de paille en forme de croissant, et tous les Parisiens à l'instant l'imitèrent. Paris se prononçait pour les princes contre le roi.

Les échevins envoyèrent au roi deux délégués pour lui expliquer leurs perplexités et leurs alarmes. Condé rentra à Paris et établit son camp sur les hauteurs du faubourg Saint-Victor. Sa bravoure le rendit très populaire. Le clergé faisait en chaire son éloge en termes pompeux et hyperboliques; les gens de métiers lui offrirent le gouvernement de Paris, la dictature. Il refusa, car il désirait voir donner le pouvoir au duc d'Orléans. Le 4 juillet, une nouvelle assemblée des Etats de Paris eut lieu sur l'ordre du Parlement. Le duc d'Orléans y vint avec Condé, Beaufort, Sully. Ils furent acclamés et agitèrent hautement la paille de leurs chapeaux, puis ils se retirèrent. L'Hôtel-de-Ville, les bourgeois, le gouverneur de Paris, l'Hôpital, hésitaient encore; mais les quarteniers, les gens de métiers étaient entièrement dévoués à la Fronde. Mademoiselle et Condé étaient leurs idoles. La foule envahit l'Hôtel-de-Ville et y mit le feu. Elle tira par les fenêtres sur l'Assemblée, réunie dans une salle du côté de la place de Grève. L'Assemblée ainsi attaquée se dispersa. Le colonel des archers de la ville essaya de résister, le curé de Saint-Jean alla chercher le Saint-Sacrement et le porta à l'Hôtel-de-Ville pour essayer d'arrêter l'émeute. L'Hôtel-Dieu fut pillé par les insurgés, l'Hôtel-de-Ville fut saccagé; plusieurs membres de l'Assemblée qui étaient restés furent massacrés. La foule ouvrit les prisons, et de nombreux larcins eurent lieu dans tous les quartiers. La terreur se répandit partout. Les princes qui paraissaient avoir excité eux-mêmes les acteurs de cette journée sanglante, remarquant que de pareils désordres pouvaient compromettre la Fronde, se rendirent à l'Hôtel-de-Ville, dans la nuit, pour voir la tournure que prenaient les événements, et cimentèrent l'alliance du peuple avec la noblesse contre la bourgeoisie. Mlle de Montpensier obligea le prévôt des marchands, chef des échevins de Paris, à donner sa démission.

Il fallut procéder à des élections. Le vieux de Broussel, conseiller au Parlement, *maître-frondeur*, fut élu prévôt des marchands de Paris. Il essaya de rétablir l'ordre dans la cité. Les milices bourgeoises furent rassemblées en permanence, mais une ville de 500,000 habitants ne se calme pas ainsi en un instant. Plusieurs pillards furent pendus en place de Grève. Cette exécution rassura la bourgeoisie. Les coffres de l'Hôtel-de-Ville étaient vides, il fallait pourvoir aux divers services de la capitale et à la nourriture des troupes des princes. Une nouvelle Assemblée des Etats de Paris, fut convoquée pour le 29 juillet 1652. Le duc d'Orléans se rendit à cette réunion. Il déclara que ses troupes avaient fait quelques dégâts, mais que le remède le meilleur était de leur donner de quoi vivre et d'en augmenter le nombre, afin de pouvoir porter hors de la ville le théâtre de leurs opérations. Il informa l'Assemblée qu'il avait nommé son neveu, le duc de Beaufort, gouverneur de Paris, et qu'il avait institué auprès de lui un conseil auquel il désirait admettre le prévôt des marchands et l'un des échevins. L'Assemblée décida de lever de nouvelles troupes, vota des taxes sur les maisons, sur les portes cochères, sur les boutiques, sur les communautés religieuses, jusqu'à la somme de 800,000 livres, environ 5 millions de notre monnaie actuelle. Elle décida qu'elle communiquerait à toutes les cités du royaume ses résolutions.

Pendant que ces événements s'accomplissaient à Paris, Turenne se retira sur Pontoise, Louis XIV y rassembla son conseil et sa cour. Il cassa, le 18 juillet, tous les actes de l'Hôtel-de-Ville et du duc d'Orléans, et défendit toute réunion. Il ordonna au Parlement et aux échevins de se rendre auprès de lui dans un délai de trois jours, passé lequel ils seraient considérés comme convaincus du crime de trahison. Chaque acte de l'Hôtel-de-Ville fut frappé d'une décision

du roi en portant annulation. Ces édits étaient affichés
à Paris. Un grand nombre de membres du Parlement
se rendirent à Pontoise. Ils avaient remarqué que le
pouvoir leur échappait à Paris, et qu'il passait aux
gens de métier et aux chefs militaires. Ils se rappro-
chèrent du roi et la bourgeoisie les imita. Mazarin
quitta de nouveau la cour, afin de rendre une transaction plus facile; il se retira à Sédan. Mathieu Molé,
premier président du Parlement, fit tous ses efforts
afin d'arriver à la pacification. Le roi défendit à tout
contribuable de payer les impôts. Un grand nombre
de marchands, de bourgeois et de taverniers ne demandaient qu'à s'en exonérer.

Les élections des nouveaux prévôts et échevins
furent cassées par édit du 19 août 1651. Le découragement gagna les esprits. Broussel malade, fatigué du
souci des affaires municipales, surchargé de travail,
donna sa démission de prévôt. On essaya de le remplacer, on procéda à de nouvelles élections. Il fut
réélu par les gens de métier; la bourgeoisie s'abstint
de prendre part au vote. Elle faisait remarquer que
puisque l'on avait obtenu ce que l'on désirait, le
renvoi de Mazarin, tout était fini, et qu'il fallait rentrer dans l'ordre et rappeler le roi, que la situation
n'était plus tenable que le commerce était arrêté depuis trop longtemps, que tous les intérêts souffraient
de l'état de guerre.

Les parlementaires, restés à Paris, se rendaient à Pontoise les uns après les autres, et renforçaient le pouvoir de la royauté. Le duc d'Orléans vint déclarer à l'Assemblée, réunie à l'Hôtel-de-Ville, que Mazarin étant parti, il était dans l'intention de déposer les armes. Une députation fut envoyée au roi pour le remercier du renvoi de Mazarin. On arbora du papier blanc aux chapeaux et l'on jeta la paille. De Broussel donna de nouveau sa démission et l'adressa au duc d'Orléans. Les frondeurs voulaient la paix, mais ils la voulaient honorable, ils désiraient un traité sérieux, une amnistie en règle Ils ne voulaient pas voir rentrer le roi sans condition : c'eût été trop dangereux pour eux ; mais la bourgeoisie, sans s'inquiéter des périls des meneurs de la Révolution, voulait faire revenir le roi de suite et commençait à prendre en haine les chefs militaires et les politiques de profession. Les impôts étaient devenus exorbitants, les jardins et les campagnes, autour de Paris, étaient dévastés. Les soldats des princes mal payés, pillaient partout, et parlaient de s'emparer des points fortifiés de la ville pour continuer la guerre ; la bourgeoisie voulait en finir à l'instant même.

La cour avait quitté Pontoise et était revenue à Compiègne, puis de là à Saint-Germain, dont le château fortifié, situé sur le côteau qui domine la plaine Saint-Denis et le cours de la Seine, mettait le roi à l'abri d'un coup de main. La députation de l'Hôtel-de-Ville vint à Saint-Germain, mais le roi ne s'engagea à rien. Mademoiselle, son père, Beaufort voulaient faire entrer leurs troupes dans la cité, l'Hôtel-de-Ville s'y refusa nettement. Le roi arriva le 21 octobre 1651. La foule se rendit au bois de Boulogne pour le voir ; mais les gens de métiers et les gentilshommes se cachèrent. Ils étaient les vaincus. Le duc d'Orléans n'alla pas à l'avance du roi. Il fut exilé à Limours. Louis XIV convoqua le Parlement au Louvre et lui fit connaître ses intentions. Plusieurs de ses membres furent exilés, ainsi que Beaufort, de Rohan, de La Rochefoucault, les domestiques des princes et un grand nombre de gens de service. Les troupes mercenaires de la Fronde furent incorporées dans celles du roi. De Broussel resta à Paris, et refusa d'obéir à l'ordre d'exil ; il se cacha, et le roi fit semblant d'ignorer son séjour à Paris. Le cardinal de Retz fut enfermé à Vincennes. Mazarin rentra à Paris et personne ne s'y opposa. Il y eut un affaissement considérable dans les esprits, qui tous désiraient le calme et le repos. Les gentilshommes, qui craignaient le retour du roi à Paris, quittèrent la ville. La veille de son arrivée, ils s'étaient rendus dans la province de Guyenne, qui n'était nullement soumise. Turenne fut chargé de résister à Condé, qui avait les clefs de plusieurs places fortes du Nord. On commença par opérer vers Sédan. Turenne fut battu

par Condé. Bordeaux était soulevé. Mazarin envoya
le duc de Vendôme, qui s'était rangé au parti du roi,
pour s'en emparer. Le roi d'Espagne, Philippe IV, entretenait les divisions et correspondait avec Condé et
avec Conti, son frère. Un traité fut même signé entre
Condé et le comte d'Olivarès, ambassadeur d'Espagne.
Des subsides importants furent versés à Condé pour son
armée, mais la flotte espagnole, qui devait secourir
Bordeaux, arriva trop tard: Bordeaux avait capitulé.
La Fronde avait perdu sa dernière forteresse.

Le cardinal Mazarin avait repris toute son autorité.
Il obligea le cardinal de Retz à donner sa démission
d'archevêque de Paris, en échange de la liberté. Les
portes du donjon de Vincennes s'ouvrirent alors pour
lui, mais il fut conduit à Nantes. Mazarin tenait absolument à ce que cet esprit turbulent n'eut plus d'autorité sur le clergé de Paris, si actif et si redoutable à
cause de sa popularité dans la cité. En échange de
son archevêché, Mazarin lui donna plusieurs abbayes,
et ensuite il le laissa libre. Les troupes royales reprirent les services intérieurs de la ville, la police, la
garde des portes et des remparts. Les anciens prévôts
et échevins reprirent leurs fonctions, les quarteniers
furent supprimés, la Bastille fut confiée à un officier
du roi, les registres du Parlement et ceux de l'Hôtel-
de-Ville, contenant les délibérations prises pendant la
'Fronde, furent lacérés par les mains du bourreau. Un

membre du Parlement parvint à en sauver les curieux débris. Ils sont aujourd'hui aux archives nationales.

Louis XIV devenu incontestablement maître dans ses Etats, Mazarin le mena sacrer à Reims en grande solennité. La cour donna de nombreuses fêtes, où l'on représentait les tragédies de Corneille et les comédies de Molière; aux troubles de la Fronde, succéda le grand mouvement littéraire du xvii siècle. Le roi alors, tout occupé de ses plaisirs, laissa à Mazarin tous les soucis de la royauté. Paris pardonna au cardinal et l'Hôtel-de-Ville l'invita à un grand banquet de réconciliation, où le roi assista. Après le banquet, il y eut un bal où Mazarin fit l'admiration des dames par son urbanité, ses prévenances; il offrait des massepains et des confitures aux bourgeois, et les appelait par leur nom. Il jeta des pièces d'argent à la foule, assemblée sous le balcon, et fut fort applaudi.

Le conseil des ministres se composait alors du cardinal, du chancelier Séguier, ami intime de Mazarin, de Le Tellier, Brienne, La Vrillière et Duplessis-Guénégaud. Il continuait la politique de Richelieu, la constitution de l'unité nationale. Mazarin appela bientôt Colbert. qui était son secrétaire depuis longtemps, à l'administration des finances. Mazarin centralisait tous les services, puis s'il y avait lieu, il entretenait le roi des questions délicates qui se présentaient. Tous les ministres adressaient à Mazarin leurs propositions,

lcurs projets de décisions. Mazarin écrivait en marge
la réponse ou corrigeait de sa main les projets qui lui
étaient soumis.

Mazarin s'occupa de fondations publiques et d'em-
bellissements. Il commença l'église Saint-Sulpice et
celle de Saint-Roch, il édifia le *Palais-Mazarin*, qui est
actuellement l'Institut de France, il y installa une
bibliothèque remarquable, qui porte le nom de
Bibliothèque-Mazarine. Il fit élever, en outre, dans la
rue Neuve-des-Petits-Champs, un palais qu'il habita, et
dans les bâtiments duquel se trouvent aujourd'hui
certaines parties de la Bibliothèque nationale, commencée par Richelieu. A la mort de Mazarin, cette
Bibliothèque comprenait 40,000 volumes. Colbert
l'augmenta considérablement par la suite, et aujour-
d'hui elle possède plus de deux millions de volumes,
cent mille manuscrits anciens et plus d'un million de
pièces originales, documents de tout genre, sans
compter les plans, cartes, gravures, estampes, médailles que l'on y a rassemblés par centaines de mille.
Dans le Palais-Mazarin on organisa, après la mort de
Mazarin, le collége des Quatre-Nations, qui fut le plus
important établissement universitaire de Paris. Lo
cardinal donna par son testament ce palais à l'Etat,
à condition qu'on y élèverait, comme internes, soixante
jeunes gens originaires des provinces de Pignerol,
Artois, Alsace et Roussillon, réunies à la couronne

pendant la durée de son ministère par le traité de Munster et par celui des Pyrénées, et qu'on y enseignerait l'équitation. Ce collége recevait en outre des élèves-externes en très grand nombre. A la Révolution le collége des Quatre-Nations fut supprimé, et l'on installa l'Institut national dans ses vastes bâtiments.

Mazarin introduisit en France un genre nouveau pour le théâtre, l'opéra, qui fut apporté à Paris par des chanteurs italiens, appelés par lui. Il fit écrire un grand nombre de libretti, par des auteurs français et Corneille, lui-même, en composa plusieurs.

Mazarin, à l'exemple de Richelieu, intervenait personnellement dans toutes les relations diplomatiques avec les puissances. C'était une occupation considérable et un travail de tous les instants. Les rapports des cours entre elles étaient alors beaucoup plus fréquents qu'ils ne le sont maintenant. Il y avait là une activité inconnue aujourd'hui, une complication d'instructions, d'ordres, de dépêches officielles et de dépêches secrètes, une correspondance très longue, très soignée, très littéraire dont le style s'est encore conservé, de nos jours, dans les bureaux du ministère des affaires étrangères.

On recevait à chaque instant des rapports d'agents autorisés et d'agents secrets, qui se contredisaient souvent. Tous les détails de la vie publique et de la

vie privée des rois, des reines, des princes, des ministres, des ambassadeurs des autres puissances, leurs
tendances, leurs relations, leurs allers et venues,
leurs vices, leurs travers, tout était l'objet de communications presque journalières avec Mazarin. Il
fallait suivre la marche des événements, les incidents
variés de chaque circonstance qui se produisait,
étudier et surveiller chaque cour de l'Europe, ratta-
cher ensemble les données de ces communications,
surveiller les alliances des autres nations, entretenir
les nôtres, combiner des plans qui étaient sans cesse
modifiés par suite des déplacements qui se produisaient sur l'échiquier de la diplomatie européenne.
Richelieu avait dressé Mazarin à ce travail complexe,
et l'élève conservait les traditions du maître. Il
associait, à son tour, de Lionne et Colbert à son
œuvre. C'était une sorte de tradition difficile à connaître, longue à apprendre et à bien saisir dans ses
mille détails qui, tous, avaient leur importance.

Les ministres détenaient des papiers secrets, des
documents occultes qu'on ne pouvait confier qu'à
celui qui avait la clef de ce labyrinthe compliqué. Les
monarques eux-mêmes ne le connaissaient qu'impar-
faitement, ils ignoraient même souvent les secrets
d'Etat les plus importants. Les ministres préféraient
les garder pour eux seuls, de crainte que les rois, par
imprudence ou dans un moment d'abandon, ne les

révélassent à quelque courtisan ou à quelque espion inconnu.

Pendant les agitations de la Fronde, Charles Ier avait été exécuté et son royaume était devenu une république. Cromwell avait pris en mains les destinées de l'Angleterre. La reine, Henriette, fille de Henri IV, tante de Louis XIV, s'était réfugiée au Louvre, où elle resta pendant toute la durée des insurrections parisiennes, manquant souvent de pain et de feu comme les bourgeois. Mazarin s'était hâté de reconnaître la république d'Angleterre, et il avait envoyé, auprès de Cromwell, M. de Neuville en qualité d'ambassadeur pour faire alliance avec lui contre la maison d'Autriche. C'était là la politique traditionnelle de la France. Les empereurs étaient toujours pris parmi les princes espagnols. Les électeurs avaient l'habitude d'élire pour gouverner l'empire, les ennemis de la France. L'objectif permanent des rois de France était d'arracher des mains de la cour d'Espagne le sceptre impérial, mais ils n'y réussissaient guère. Leurs efforts constants avaient pour but d'essayer de refaire l'empire de Charlemagne.

A chaque changement d'empereur, et même plusieurs années à l'avance, les diplomates français s'ingéniaient à susciter aux candidats espagnols des concurrents parmi les princes allemands, surtout les rois de Bavière qu'une vieille amitié reliait à la

France. Ils étaient les candidats préférés et l'on intriguait auprès des électeurs pour arriver à les faire proclamer. Ferdinand III étant mort, les intrigues recommencèrent. Mazarin, aidé par le maréchal de Grammont et par de Lionne, qui représentaient la France à la diète électorale, ne pouvant arriver à empêcher l'élection d'un prince espagnol, s'attacha à désarmer l'empereur et il y réussit. La diète décida la neutralisation de l'empire. C'était un coup redoutable porté à l'Espagne. Il fut interdit au nouvel empereur élu de faire la guerre avec qui que ce fût. En outre les plénipotentiaires français conclurent des alliances avec certains princes allemands, de façon à assurer la paix de l'Europe. D'un autre côté, Mazarin entretenait les meilleures relations avec la reine de Suède, Christine, la protectrice du philosophe français Descartes. Cette femme savante, douée d'une intelligence supérieure, dégoûtée des grandeurs, céda son trône à son cousin Charles-Adolphe et vint habiter Paris. Elle renonça aux principes de Luther et se fit catholique. Elle exerçait sur les cours du nord de l'Europe une grande influence au profit de la France.

Cependant l'Espagne ne désarmait pas, et dans ses provinces des Pays-Bas, les opérations militaires continuaient. Condé se mit à son service. Son frère Conti épousa l'une des nièces de Mazarin, et resta au camp de Louis XIV. Turenne combattait Condé en Alsace et

en Lorraine avec des succès variés. En 1654, Condé
attaqua la place forte du Quesnoy en Flandre. Turenne
assiégea Lecatelet, s'empara de Landrecy. La guerre
traînait en longueur, c'était des marches et des
contre marches savantes, des siéges sans fin de petites
places. On ne voulait pas risquer de grande bataille.
Don Juan d'Autriche, fils naturel du roi d'Espagne,
Philippe IV, se plaça sous les ordres de Condé, qui
assiégea Valenciennes, battit le maréchal de La Ferté
et s'empara de toutes les positions occupées par
Turenne. Les Espagnols tenaient Beauvais et Laon,
ils menaçaient Paris. Louis XIV se porta sur les derrières de l'armée ennemie, vers Montmédy, pour couper
les communications des Espagnols et tâcher de les
prendre entre deux feux. Condé et don Juan redoutant cette manœuvre habile reculent précipitamment.
Ils venaient d'apprendre l'arrivée de 16,000 Anglais,
que Cromwell faisait débarquer à Calais, pour opérer
une jonction avec l'armée de Louis XIV. Mazarin, qui
dressait les plans de campagne, et qui avait promis
aux Anglais le port de Dunkerque en échange de leur
concours, fut obligé d'en faire le siége, afin de pouvoir réaliser ses engagements. Turenne battit Condé
et don Juan aux dunes, près de Dunkerque, le 24 juin
1658. Vingt vaisseaux anglais bloquaient Dunkerque,
qui fut prise aux Espagnols, par Turenne, et remise
le jour même aux Anglais. Cette ville ne devait

redevenir française qu'en 1662, au moyen du rachat que Louis XIV en fit au roi d'Angleterre.

Pendant ce temps-là les armées de la France reprenaient possession de la Catalogne. Le prince de Conti, envoyé dans cette province, battit les Espagnols en maintes rencontres, et s'empara de plusieurs places fortes qui étaient tombées au pouvoir de Philippe IV. Les deux nations étaient épuisées, l'argent et les soldats manquaient, le pape Alexandre VI imitant l'exemple de ses prédécesseurs s'interposa. Au moyen âge l'autorité des papes avait souvent amené des trêves entre les rois ; elle n'avait plus au xviie siècle la même influence. Le cardinal Mazarin refusa la médiation d'Alexandre VI, mais il traita directement avec la cour de Madrid. M. de Lionne partit avec pleins pouvoirs et entra en rapports avec le premier ministre espagnol, don Louis de Haro. Les deux négociateurs décidèrent la conclusion de la paix, et pour la cimenter ils arrêtèrent le mariage de Louis XIV, avec sa cousine, l'infante Marie-Thérèze. Les choses traînaient en longueur; mais la prise de possession de Dunkerque, par les Anglais, mit fin aux hésitations de l'Espagne. Mazarin se concerta à Lyon avec don Antonio Pimantel, ambassadeur d'Espagne, empêcha Louis XIV d'épouser Marguerite de Savoie, qui était aussi sa cousine, et décida l'Espagne à rendre les places par eux prises en échange de celles que détenaient l'armée française. Condé fut amnistié, mais n'obtint pas les priviléges exhorbitants que don Antonio de Pimantel réclamait en sa faveur. La paix fut conclue, sur la Bidassoa, au pied des Pyrénées. Mazarin s'y rendit au mois de juin 1659, en grand apparat et accompagné d'une suite très nombreuse de gentilshommes. Des fêtes magnifiques eurent lieu et se prolongèrent longtemps. Mazarin employa dans les négociations toutes les ressources de son esprit inventif, de son astuce italienne. Il résidait à Saint-Jean-de-Luz et avait tous les jours des entrevues avec don Louis de Haro, dans l'île de la Conférence, qui se nommait alors l'île des Faisans, au milieu de la Bidassoa

Resté à Paris avec sa mère et Le Tellier, Louis XIV, âgé alors de 21 ans, était absorbé par les plaisirs et les aventures chevaleresques. Il voulait épouser une nièce de Mazarin, Marie Mancini, qui avait pris sur lui un grand empire, et qu'il tutoyait familièrement. Mazarin, ayant eu connaissance de ce qui se passait à la cour, ordonna à sa nièce d'aller habiter à La Rochelle. Il désirait empêcher le roi d'épouser sa nièce, et il voulait très sincèrement, on l'a contesté bien à tort, le mariage de l'infante d'Espagne avec Louis XIV, afin d'assurer la paix entre les deux Etats. Le roi suivit Marie Mancini; la reine, Anne d'Autriche ne savait plus que faire pour l'en détourner. Mazarin écrivit au roi, à diverses reprises, pour lui reprocher sa conduite, et le menacer de quitter son service s'il ne renonçait pas à son fol amour pour sa nièce.

« J'aime fort ma nièce, lui dit-il, dans une de ses lettres, mais sans exagération ; je vous aime encore davantage, et je m'intéresse plus à votre gloire et à la conservation de votre Etat, qu'à toutes les choses du monde..... A Madrid même, l'affaire a éclaté, car on n'a pas manqué de l'écrire de Flandre et de Paris, avec intention de brouiller et rompre le projet d'alliance qui est sur le tapis, et d'empêcher aussi l'exécution de la paix. »

Depuis trente ans Mazarin servait le roi, le père et le fils, il était le directeur de toute la politique nationale ; son autorité sur Louis XIV était très ancienne et très légitime. Néanmoins le roi courait après Marie Mancini, à cheval, de La Rochelle à Bordeaux, où elle s'était réfugiée sur l'ordre du cardinal. Ce fut un scandale inouï. Toutes les cours de l'Europe jasaient, et comme le traité préparé par Mazarin gênait plusieurs couronnes, on faisait tout pour en empêcher la réalisation. Mazarin hâta la signature du contrat de mariage. Marie-Thérèze renonça à ses droits éventuels à la couronne d'Espagne ; elle reçut 500 mille écus d'or. Le comte de Grammont se rendit à Madrid pour demander officiellement la main de l'infante ; il écrivit à Mazarin que le mariage était définitif et qu'il avait constaté une ressemblance frappante entre la jeune infante et sa tante, Anne d'Autriche. Le traité de paix des Pyrénées, fut enfin signé le 7 novembre 1659. Tout l'été s'était passé en cavalcades, en bals, en promenades dans les montagnes, en conférences que l'ambassadeur d'Espagne prolongeait à dessein, dans l'espoir d'arriver à des conditions meilleures. La Catalogne rentra sous la domination de Philippe IV, la France reçut une partie de l'Alsace, l'Artois, le Roussillon et la frontière naturelle des Pyrénées. Les ducs de Lorraine furent placés sous la suprématie des rois de France. Condé rentra en France et fit sa soumission.

Mazarin vint à Toulouse, où il rencontra Louis XIV qui revenait de Marseille, où il était entré par une brèche faite à coups de canons, bien que la ville fût en pleine paix. Il avait voulu par là, affirmer son autorité sur la Provence, et il fit construire le fort Saint-Jean et le fort Saint-Nicolas, dont les canons menacèrent la ville remuante des Marseillais. Mais il restait toujours sous l'influence de Marie Mancini. Mazarin expulsa sa nièce de la suite du roi, et l'envoya à Paris. Philippe IV vint à l'île des Faisans avec l'infante. Le mariage eut lieu à Saint-Jean-de-Luz, où le roi et la reine dansèrent des ballets pendant les fêtes magnifiques qui recommencèrent à l'occasion de la célébration du mariage.

La Fronde vaincue s'était réfugiée dans les salons, où elle prenait une forme littéraire. La Rochefoucault, Mme de Sévigné, lançaient des épigrammes contre la cour. Mazarin pour s'attirer les gens de lettres leur donna des pensions; l'opposition cessa et la louange commença. Pour séduire la noblesse, il organisa des fêtes sans fin. Il apaisa les calvinistes en ne s'occupant pas d'eux.

« Ne nous mettons pas, disait-il, les Huguenots sur les bras, nous avons bien assez des Frondeurs. »

Ceux-ci adoptèrent les théories nouvelles de Jansénius qui brisaient avec Rome. Nicole, Pascal, Arnould, Racine, le Parlement se firent jansénistes en haine des jésuites. L'abbaye de Port-Royal devint le centre des mécontents. C'était un écho de Luther, un ferment de désobéissance. Bacon, Gassendi, Descartes avaient ouvert les voies et la société intelligente de l'époque étudiait la philosophie et les sciences. Les idées d'examen, de libre arbitre, de doute faisaient de rapides progrès. Les jansénistes continuèrent les traditions de la Réforme, de la Fronde et ils transmirent leurs idées aux philosophes du xviiie siècle, qui devaient leur donner un développement et un éclat incomparables. C'est de là, on peut le dire en toute vérité, que sortirent les germes de ces principes élevés de philosophie qui, par la suite, devaient régénérer la société moderne.

Mazarin était revenu à Paris après la signature du traité des Pyrénées ; il y fut reçu avec enthousiasme. Il avait accompli son œuvre, le prestige du pouvoir central était relevé, la noblesse et l'esprit provincial abattus ; Molière se moquait des précieuses ridicules de la Fronde, réfugiées au Marais, des seigneurs de Poursaugnac, des marquis orgueilleux, des bourgeois-gentilshommes que la Fronde avait donnés pour amis aux princes frondeurs. C'était là un procédé de gouvernement favorable à la domination absolue et définitive de la royauté. Charles II, le cousin du roi, le fils de Henriette de France, rétabli par Monk sur le trône d'Angleterre, que son père Charles Ier avait dû quitter pour monter à l'échafaud, reprenait le sceptre de ses ancêtres. Une réaction se produisait partout. Le duc d'Orléans était mort en exil. A Blois, sa fille, la grande Mademoiselle n'osait plus bouger. Marie Mancini épousa le connétable de Colonna, son compatriote ; le roi pleura en la voyant partir et n'y pensa plus. Mazarin était devenu le maître absolu ; chaque jour, Louis XIV se rendait chez lui au Palais-Cardinal pour travailler aux affaires de l'Etat ; mais il était depuis longtemps malade de la goutte et de la gravelle.

Le 7 février 1661, il se fit transporter à Vincennes, où l'air était meilleur qu'à Paris, à cause de la proximité du bois. Il fit son testament en faveur du roi Louis XIV, de la générosité duquel il tenait à peu près

tous ses biens. Mais le roi ayant refusé, il en rédigea
un autre au profit de ses nièces; l'une d'entre elles,
Hortense Mancini, mariée tout récemment avec
Armand de La Porte, marquis de La Meilleraye, qui
devint duc de Mazarin, hérita de vingt-huit millions
pour sa part. A la fin de février, Mazarin se prépara à
la mort :

« Je ne suis pas content, disait-il, je voudrais bien
sentir une plus grande douleur de mes péchés. Je suis
un grand criminel, je n'ai d'espérance qu'en la misé-
ricorde de Dieu. »

Le 7 mars, il donna au cardinal Picolomini 200,000
écus, pour continuer la guerre sainte contre les
Turcs. M. Joly, curé de Saint-Nicolas-des-Champs, qui
l'assistait dans ses derniers moments, lui dit :

« Ne pensez-vous pas qu'il serait bon de faire quelque satisfaction publique, pour tous les mauvais exem-
ples et scandales que vous avez pu donner pendant le
cours de votre vie. »

« Très volontiers, » répondit-il.

Il prit un cierge à sa main et, tête nue, il fit amende
honorable. Il rendit le dernier soupir le 9 mars 1661,
à deux heures du matin. Il était âgé de 59 ans. Aucune
manifestation hostile ne se produisit contre sa mémoire. Ses funérailles ne furent pas troublées comme
celles de Richelieu. Le Parlement assista en corps à

son enterrement qui eut lieu à la cathédrale Notre-
Dame.

Son testament fut, comme celui de Richelieu, un
acte politique important. Il légua de nombreuses pensions aux écrivains qui l'avaient soutenu, donna ses
diamants à la couronne, et à Louis XIV personnellement, les dix-huit diamants de haut prix, connus
sous le nom des dix-huit Mazarin ; il fit des legs aux
couvents, aux pauvres, mais ses nièces eurent la plus
grosse part.

Inhumés d'abord à Vincennes, les restes de Mazarin
furent portés en 1684 dans la chapelle du collége des
Quatre-Nations, fondé par lui. Son cœur fut déposé à
l'église des Théatins. Le célèbre sculpteur Coysevox
éleva, dans la chapelle du collége, un monument sur
la tombe de Mazarin. Il représente le cardinal age-
nouillé et sous des traits frappants de ressemblance et
de vérité.

Le président Hénault, qui avait fait ses études au
collége des Quatre-Nations, et qui a écrit des *Mémoires*,
apprécie comme il suit l'œuvre de Mazarin :

« Le cardinal Mazarin était aussi doux que le cardinal de Richelieu était violent; un de ses plus grands
talents fut de bien connaître les hommes. Le caractère de sa politique était plutôt la finesse et la
prudence que la force..... Ce ministre pensait que la
force ne doit jamais être employée qu'au défaut des

autres moyens ; et son esprit lui fournissait le courage
conforme aux circonstances ; hardi à Casal, tranquille et agissant dans sa retraite à Cologne, entre-
prenant lorsqu'il fallut faire arrêter les princes, mais
insensible aux plaisanteries de la Fronde, méprisant
les bravades du coadjuteur et écoutant les murmures
de la populace, comme on écoute du rivage le bruit
des flots de la mer. Il y avait dans le cardinal de
Richelieu quelque chose de plus grand, de plus vaste
et de moins concerté ; et dans le cardinal Mazarin
plus d'adresse, plus de mesure et moins d'écarts : on
haïssait l'un et l'on se moquait de l'autre ; mais tous
deux furent les maîtres de l'Etat. »

Bussy, dans ses *Mémoires,* a écrit le portrait de
Mazarin :

« Il avait étudié à l'Université de Salamanque où,
s'étant un jour fait faire son horoscope, on l'avait
assuré qu'il serait pape. Il avait la plus belle physio-
nomie du monde, les yeux beaux et la bouche, le front
grand, le nez bien fait, le visage ouvert ; il avait
beaucoup d'esprit ; personne ne faisait un conte plus
agréablement que lui ; il était insinuant ; il avait des
charmes inévitables pour être aimé de ceux qui lui
plaisaient ; il jouait fort bien tous les jeux d'esprit et
les jeux d'adresse. »

Jamais homme ne fut plus insulté que lui. Les
pamphlets qui furent publiés contre Mazarin, et que

l'on nomme *Les Mazarinades,* forment plusieurs gros volumes. Jamais homme s'occupa si peu des offenses, des injures, des chansons qu'on débitait sans cesse contre lui. « Laissons parler et faisons, » disait-il journellement. « Laissez-les chanter, pourvu qu'ils payent, » répétait-il souvent. Jamais les insultes ni les calomnies ne le firent se départir de la ligne de conduite réservée, patiente, habile qu'il s'était tracée. « Mazarin avait l'esprit grand, prévoyant, inventif, dit M. Mignet, le sens simple et droit, le caractère plus souple que faible et moins ferme que persévérant. Sa devise était : « Le temps et moi. » Il se conduisait, non d'après ses affections ou ses répugnances, mais d'après ses calculs. L'ambition l'avait mis au-dessus de l'amour-propre, et il était d'avis de laisser dire, pourvu qu'on le laissât faire. Aussi était-il insensible aux injures et n'évitait-il que les échecs. Ses adversaires n'étaient pas même des ennemis pour lui; s'il se croyait faible, il leur cédait sans honte; s'il était puissant, il les emprisonnait sans haine. Richelieu avait tué ceux qui s'opposaient à lui, Mazarin se contenta de les enfermer. Sous lui, l'échafaud fut remplacé par la Bastille. Il jugeait les hommes avec une rare pénétration, mais il aidait son propre jugement du jugement que la vie avait déjà prononcé sur eux. Avant d'accorder sa confiance à quelqu'un, il demandait : « Est-il heureux? » ce n'était

point de sa part une aveugle soumission aux chances
du sort ; pour lui, être heureux signifiait avoir l'esprit
qui prépare la fortune et le caractère qui la maîtrise.
Il était incapable d'abattement et il avait une constance inouïe, malgré ses variations apparentes. Résister dans certains cas et à certains hommes ne lui
paraissait pas de la force, mais de la maladresse.
Aussi, ce qu'il cédait, c'était pour le reprendre, et lorsqu'il partait c'était pour revenir. Un de ses plus spiri-
tuels antagonistes, La Rochefoucault, a dit de lui
« qu'il avait plus de hardiesse dans le cœur que dans
l'esprit, au contraire du cardinal de Richelieu, qui
avait l'esprit hardi et le cœur timide. » Si le cardinal
de Richelieu, qui était sujet à des accès de découragement, était tombé du pouvoir, il n'y serait pas remonté ;
tandis que Mazarin, deux fois fugitif, ne se laissa
jamais abattre, gouverna du lieu de son exil, et vint
mourir dans le souverain commandement et dans l'extrême grandeur. » Le *règne* de Mazarin avait été la
préface de celui de Louis XIV.

FIN.

TABLE

I. — LA JEUNESSE DE MAZARIN.

Famille et enfance de Mazarin. — Sa jeunesse. — Les Colonna.
— Les Sacchetti. — Les Barberini. — Mazarin, capitaine d'infanterie. — Affaires du marquisat de Montferrat. — Mazarin diplomate. — Son intervention auprès de Richelieu. —
Ses démarches entre le duc de Savoie, Spinola et Collalto
pour amener la pacification de l'Italie. — Reddition de
Mantoue. — Mazarin fait signer la paix sous les murs de
Casal (1630). — Mazarin vice-légat d'Avignon. — Son intervention en Savoie. — Mazarin cardinal, mort de Richelieu (1642).   5

II. — MAZARIN ET LA FRONDE.

Mazarin, favori d'Anne d'Autriche. — Mort de Louis XIII (1643).
— Victoires de Condé. — Révolution d'Angleterre. — Com-
mencement de la Fronde. — Haine du peuple et de la no-
blesse contre Mazarin. — Journées des barricades. — Fuite
de la cour à Saint-Germain. — Insurrection des Parlements.
— Capitulation de Paris. — Insurrection des provinces. —
Pamphlets contre Mazarin. — Le cardinal se retire à Cologne.
— Son retour en France à la tête de l'armée. — Condé et
Turenne. — Siége de Paris. — Toute puissance de Mazarin.
— Il fait alliance avec l'Angleterre contre l'Espagne. — Ma-
zarin à Saint-Jean-de-Luz. — Mariage de Louis XIV et de
Marie-Thérèse. — Mazarin désarme les factions. — Sa mort.
— Appréciation sur Mazarin.   95

FIN DE LA TABLE.

Limoges. — Imp. E. Ardant et C⁰.

www.ingramcontent.com/pod-product-compliance
Lightning Source LLC
LaVergne TN
LVHW050616060726
842527LV00004B/1066